爱的五种能力

5 MAGICS
YOU MUST LEARN
TO LOVE

爱情与婚姻中的情商课

赵永久◎著

作家出版社

图书在版编目（CIP）数据

爱的五种能力 / 赵永久著. -- 北京：作家出版社，2014.10
（2025.3重印）
　　ISBN 978-7-5063-7490-3

　　Ⅰ. ①爱… Ⅱ. ①赵… Ⅲ. ①两性读物 Ⅳ. ①C913.1-49

　　中国版本图书馆CIP数据核字（2014）第185472号

爱的五种能力

作　　者：赵永久
策划编辑：华　婧　曹福双
责任编辑：苏红雨
营销编辑：商晓艺
装帧设计：苏艾设计
出版发行：作家出版社有限公司
社　　址：北京农展馆南里10号　　邮　　编：100125
电话传真：86-10-65067186（发行中心及邮购部）
　　　　　86-10-65004079（总编室）
E-mail:zuojia@zuojia.net.cn
http://www.zuojiachubanshe.com
印　　刷：中煤（北京）印务有限公司
成品尺寸：142×210
字　　数：209千
印　　张：11.125
版　　次：2014年10月第1版
印　　次：2025年3月第37次印刷
ISBN　978-7-5063-7490-3
定　　价：48.00元

自 序

　　我与爱人结婚后，在我们的关系中，曾遇到过不少困难，经常为一些很小的事情争吵。在解决我们之间问题的过程中，我学习了很多心理学的理论和方法，这对改善我们的关系帮助非常大。

　　之后，因为对亲密关系中很多问题的思考和兴趣，我成为一名情感教练、婚姻家庭咨询师，专门从事婚恋心理的研究与辅导。

　　在随后的时间里，结合我在婚姻生活中的感悟和情感辅导工作中的观察，经过反复思考和推敲之后，我总结出了亲密关系经营中人们需要具备的五种能力。

　　自 2008 年开始，我通过在北京、上海、广州等地举办工作坊的方式，把这五种能力的具体内容和提升练习的方法分享给更多的人。

　　应该是因为内容和方法来源于真实生活和不断在工作实践中完善的原因，课程收到了较好的效果。

　　很多学员会在课后分享他们的收获和表达感谢，给我印象最深的、也是我听到次数最多的学员们反馈的一句话是："要是我早点学习到这样的课程就好了！"

　　这句话，是大家对我的肯定和鼓励，但也反映了一个现实，就是这样的课程太少了，更准确地说，缺少的是这样的理论体系，而这有其历史原因。

亲密关系的经营，是建立在男女平等、婚姻自由的前提下的，曾经的几千年里，没有男女平等、婚姻自由这个大基础，也当然就缺少这方面的文化的积累和传承。

在这种情况下，人们会使用自己的本能来处理亲密关系中遇到的各种问题，比如一味地争吵，或者为了避免争吵就采取冷战，或者以牙还牙，或者动不动就提分手或离婚来威胁对方。

而这些行为通常不但不能解决亲密关系中出现的问题，反而容易使得两人的关系陷入恶性循环，越来越糟糕。

不过，这也不是说我们没有任何可以学习的地方，我们每个人出生、成长和生活的原生家庭自然而然地成了我们学习的场所，而父母自然而然地成了老师。

在原生家庭里，有两组关系对我们发展经营亲密关系的能力影响最大：

第一，我们与父母的关系。

幸福的亲密关系中需要的情绪稳定、对伴侣的信任、能够表达感受、能够理解他人等特质，都需要在成长过程中得到过足够好的养育与关爱才能自然而然具备的，也就是从与父母的关系中获得，通过各种需要被满足、被爱的过程中，我们学会了如何爱人，拥有了爱的能力。

现实的情况是不少人从小获得的满足和关爱是很不够的，没有得到那么多的爱，也就没有那么多的机会学习如何爱，建立和维系亲密关系的能力也相应地弱。

第二，父母之间的关系。

父母是我们学习最直接的榜样和观察对象。一对爱人生活在一起，如何沟通、如何处理差异、如何关爱对方、如何应对困难，从小到大几乎天天都在给我们做示范，我们会自然而然学习他们的相处方式。

我听到过不止一位学员说："我从小到大最烦我妈叨叨我爸，但没想到我结了婚，跟我妈一样。"

父母的言行并不会因为你不喜欢而不被你模仿，因为这些模仿是潜移默化的，在不自觉中你就学会了，等到用的时候通常也是不经过大脑加工就表达出来了。

不过，也有一些儿时存在着爱的缺失、父母本身婚姻关系又不好的人，成年后却能摆脱原生家庭对他们的影响，拥有幸福的亲密关系，这与他们长大后自身的学习与成长是分不开的。

当然，这也得益于心理学的发展以及诸多心理学前辈们的努力和贡献。

当前，我们处在一个快速变迁的时代，经济和科技高速发展，人口大量向城市流动，这给我们带来了前所未有的物质富有和精神享受，但也带来了新的挑战，如高房价、交通拥堵、空气污染等。

体现在婚姻家庭关系中的，包括因大量向城市迁移的人口中女性占比偏高，导致大城市里女性和经济欠发达地区农村男性择偶的困难；工作和事业占用了大量的时间和精力，对家庭的关注和投入受到了一定的影响，导致了留守儿童、空巢老人、结婚年龄推迟、夫妻相处时间的减少等现象的产生；以及经济压力的增大导致夫妻矛盾的增加等。

同时，自我意识的觉醒和经济上的独立，很多人不会再因为诸如生存问题、面子问题等而将就在一段不幸福的关系中，在一起感受良好、感觉到幸福成了多数人愿意和另一个人生活在一起的最主要原因。

不得不说，当前的高离婚率和婚外恋现象的增加，与以上因素都有着一定的内在联系。

这也意味着，时代对我们经营情感的能力提出了新的挑战，每一个想要进入或维系亲密关系的人，都需要投入一定的精力到经营自己的亲密关系中来，让对方跟自己生活在一起可以一直感受到幸福。对于很多人而言，也需要提升能力来适应新的挑战。

本书是我过去十多年讲授《爱的能力》这门课程的精华内容集结，系统阐述了爱的五种能力的具体含义和原理，以及每种能力的操作和提升方法，是每一个愿意成长自己、经营亲密关系能力的人可以参考的理论与方法。

爱的五种能力：情绪管理、述情、共情、允许、影响，是一个完整的系统，相辅相成，缺一不可，希望大家运用时对此有所觉察，不然只偏向一种能力可能会事倍功半。

比如，一味地只做情绪管理，从不述情，对方是难以理解你的；但一味地只做述情，从不做情绪管理，又可能让对方觉得你过于敏感，等等。

书中的案例，要么是我自己的生活经历，要么是我工作中接触的案例，要么是发生在我身边的故事，离我们的生活比较近，应该是方便大家理解和掌握的。

对于已经在亲密关系中的朋友而言，你可以边阅读边实践，这有助于你把书中的内容转化为自己的能力。

对于还没有进入亲密关系的朋友而言，在家人、朋友等人与人之间实践也是可以的，因为书中的内容，不只适用亲密关系，同样也适用与其他人的相处。

这本书自初次出版之后，越来越受读者喜爱，我想可能也与此有关，阅读的同时可以马上在生活中的各种关系里运用与实践。

这些年来上课的学员，很多都是看过这本书之后才来的，提到他们怎么知道这本书的，他们说有朋友推荐的，有咨询师推荐的，也有在参加某些心理课程时授课老师推荐的。在此替他们向推荐本书的朋友和老师们表示感谢，也相信他们的情感生活会因为你们的关心和推荐有所不同。

这些年，我也收到过很多读者的感谢，除了微博和微信公众号里经常收到表达感谢的留言外，外出讲课也常常遇到有同学告诉我这本书对他们的情感生活产生了怎样的影响。我印象最深的是一次我去江西讲课，一位女士走到讲台上说要拥抱我一下，因为看了这本书，她挽回了自己快要解体的婚姻。

　　在此也一并向大家感谢，这本书可以帮助到大家，我非常高兴，这也是一个作者最愿意看到的事情。

　　这次修订出版，是把我这些年的新的思考和理解重新融入书中，使得本书的内容更加完善和深入。

　　也希望这本书可以让爱阅读和学习的你有所收获，一并送上我深深的祝福！

　　我也还在学习和成长的路上，书中的内容应该还有值得斟酌和探索的地方，还请海涵！

　　向所有在此书出版过程中给予过支持与鼓励的朋友、合作伙伴表示感谢！

　　也再次向我的爱人致谢！谢谢你一直以来的理解、信任、支持、陪伴和包容！

赵永久
二〇一九年八月于北京

CONTENTS

目　录

第一部分

拥有爱的能力，

幸福很简单

在我和太太结婚的前两年，我们相处得很艰辛，如果用"三天一小吵，两天一大吵"来形容当时的状态，一点也不过分，完全不像恋爱时想象的那样美好。

那时的我们心中都像是塞满了炸药，只需一点火星，就能引发一场爆炸。

我记得比较清晰的几次争吵，都是晚上准备睡觉的时候在床上发生的。我困得睁不开眼，躺下想睡觉，而她还揪着白天发生的事情让我跟她道歉。

常常是我不觉得自己做错了什么，就让她别说了，赶紧睡觉。而这时她会更生气，有时会冲过来抓我。

遇到这种情况，我会用力握住她的双手不让她抓到，她则用力想挣脱。经常是这样僵持了一阵儿，我们都累了，就以这样的姿势睡着了。

有一次，我刚睡了一会儿，感觉有人骑在了我身上，我睁开眼睛，在黑暗中我看到她摁住我说："我恨你，我恨你！"

那一刻，我很愤怒，把她从身上推开，任她蒙在被子里哭泣。

我也很委屈，躺在床上，两行热泪从眼角流下。

我不想要这样的生活，想要放弃，可想到年幼的儿子，又不忍心，我实在不愿让他在成长中缺少父母任何一方的爱。

我的婚姻遇到了很大的挑战，我当时却不知道这是怎么了，也不知道为什么婚后的生活会这样。继续跟她生活我痛苦，分开我更痛苦！

有时我会这样安慰自己，为了孩子，我就委屈一下自己，忍到孩子十八岁，等孩子成人了，实在不行就和她离婚。

就像苹果砸到牛顿头上一样，或许解决很多重大问题的灵感总是在不经意间来到的，我的婚姻在我偶然参加了一个课程后发生了转机。

一次，在朋友的推荐下我参加了一个自我成长的课程，课程本身并不是针对婚姻问题的，却歪打正着，把我的婚姻发展方向拉到幸福的轨道上了。

老师要我们大家做一个游戏，学员被分成几组，我被选为其中一组的组长，带领组员参与游戏。我理解错了游戏规则，组员中有人理解对了，他们告诉我时，我却不听，坚信自己是对的，结果可想而知，我们输了。

老师点评时说："永久，你有没有发现你们为什么输了？你的理解是错的，有人理解是对的，可你根本就不听他们说话，就相信你自己是对的。不聆听别人，那么自我，以为这是你一个人的小组，怎么会不失败？"

说到这里，老师并没有停止，他下面的一句话也许是无意中说出来的，但改变了我后来的命运轨迹，包括事业和爱情。

他说："如果你结了婚，就这样的性格特点，估计你也幸福不到哪里去！"

这句话，似一记重拳击到我心灵深处，我被深深触动；又像有人给迷迷糊糊的我迎头泼了一盆冷水，我瞬间清醒。我立即就在心里默默地问自己："我的婚姻不幸福，难道是我的问题？"

结婚以来，我一直以为，我们之间主要是她的问题，我是没错的。如果我错了，那就是我找错了人，找了一个从小娇生惯养、缺少耐心、动不动就发脾气的娇小姐，几乎每次吵架都是以她先生气而开始的。

但那个失败了的游戏，已经证实了我分明有时是看不清自己的。难道在婚姻里我也有错，只是我没有发现？

带着这个问题，在课程结束后，我开始了自我觉察和思考的过程，开始观察我们之间的互动模式，以及我的内心反应，并思考为什么会这样，也逐渐摸到了这扇通往幸福的秘密通道的大门。

人的命运也许就是由自己的注意力决定的，当我开始把注意力放在我自己身上向内找时，我的婚姻发生了质的改变，我也探索到一份可以帮我实现自我的终身事业。

第一章

向内找，发现幸福之路

在开始观察我们的互动方式几天后，我就发现了我们之间的一个小模式：

我太太婚后变得容易忘事，比如忘了关水、关火、关门，出门有时忘带手机、忘带钥匙，曾经买菜时把钱包忘在买菜的摊位上。生活中的东西用过了就随手放下，很少归位，所以，她经常找不到东西。

而我是一个很少忘东西的人，自然也不允许她忘。一遇到她忘东西时，我就会指责她、批评她。在这之后，她的脾气越来越差，忘东西的次数没有减少，反而更加频繁，我对她的失望更多，于是更多地指责、批评她，然后，她忘东西更多，陷入一个恶性循环。我们关系的恶化也是从这儿开始的。

我决定从这里开始尝试一下，做些改变试试效果。

随后，当我发现她再忘东西时，不再指责和批评，而是装作不知道。看到她出门时没有把放在桌上的手机或钥匙拿走，我也不说话。就这样，等她发现时，会匆匆忙忙地回来找，我就装模作样帮她找。

记得一个冬季的傍晚，她下班回家开门时发现没带钥匙，就给我打电话。我当时还在单位，需要一个多小时才能到家，虽然我接到电话就往家赶，她还是在门口冻了一个小时左右。

经过这件事情之后，她发现了自己忘了，后果也得自己承担。

令我没想到的是，大约两个月左右效果就显现出来了，我发现她忘东西的次数越来越少了。虽然这是我期待的结果，但当事情真的发生时，我还是被深深震撼了。

我之前指责、批评了几年她没有改善反而更加严重，当我不再指责和批评，只用了两个月时间就发生了变化。

而且她的情绪也更加平静，我们吵架的次数大大减少，关系好转，愉快的时间多了起来。乌云密布的生活里，开始照进了些幸福的阳光。

这真是太令我惊讶了！我花了那么长时间找她的原因、改变她，我们之间的关系却越来越糟糕。我开始改变我自己的指责和批评的模式，不再改变她时，她反而自己变了，我们之间的关系也变好了。

到这时，事实已经摆在了我面前，我终于意识到，原来我是有问题的，我不接纳她，不允许她有缺点，只知道批评和指责，一心想着改变她。

此时，我又自责，又有些兴奋。自责以前错误的做法，给我们之间带来了那么多的痛苦；兴奋是因为我隐隐感觉到，我可能找到了一条通往幸福的路。至于这是一条怎样的路，我当时并不确定。

我亲眼看到了她的变化，亲身体会到了我们之间关系的改善。我知道是由于我对她从不接纳到接纳而产生了这个结果，但其中的原理是什么我当时是不明白的。

多年之后，当看到风靡全球的《哈佛幸福课》时，我找到了接纳会促进成长的科学依据。泰勒·本－沙哈尔教授在课中讲到麻省理工学院曾经做的一个实验：

实验人员对处在迷宫中正在寻找出口，以及已经走出迷宫的小白鼠，分别进行了大脑扫描，发现小白鼠学会走迷宫，主要是在走完之后的休息时间，而不是走的过程。用泰勒·本－沙哈尔教授的话来说就是："那些来来回回在迷宫里跑得很辛苦的小白鼠，并没有那些跑出去之后休息一下，坐在那里喝点儿小酒的小白鼠更快学会走迷宫。"

实验人员认为，小白鼠在放松、安静下来之后的时间里，通过回忆走迷宫的过程，重放、整理记忆，对信息进行重新加工，学会了走迷宫，而非主要在走的过程之中。

实验人员得出的结论是，重现可能形成一种"学习记忆机制"，他们称为内省式学习。泰勒·本－沙哈尔教授认为，在这一点上，人的学习机制和小白鼠一样，都是在安静下来后学习的效果更好。因此，能够安静下来的人，学习的效果更好。

这一点，在我近几年给大学生们演讲时，顺便做的调查中也得到了证实：

为了帮助大学生们更好地应对情感、恋爱等问题，有几年，北京一些大学的心理协会等社团会邀请我去给大学生们做恋爱、情感心理培训。每到一所大学讲课时，我都会问同学们一个问题："你觉得你父母的婚姻幸福吗？"然后让觉得父母婚姻幸福的学生们举手，调查的学生总人数超过一千人。

举手的学生占比，呈现出一种规律：招生时录取分数线越高的大学，举手的学生越多。

也就是说，高考时成绩越好的孩子，他们的父母婚姻幸福的比例越高。比如：清华大学、北京大学等四所大学的学生们举手的比例超过 50%，其他大学举手比例都在 50% 以下，有 40% 多点的，有 30% 多点的，我去过的唯一一所专科学校，举手的人数低于 20%。

这说明，父母婚姻幸福的学生，学习成绩容易好。

父母婚姻不幸福的孩子，他们的父母可能会经常吵架、冲突、相互攻击，或冷暴力。孩子经常处于紧张、焦虑之中，孩子需要在内心去处理和应对这些紧张、焦虑感，不管是在家里时还是在学校都可能难以安静下来学习。

而父母婚姻幸福的孩子，没有来自父母婚姻方面的过多压力、紧张和焦虑，经常处于安静的环境中。按照安静环境中学习的效果更好的原理，他们有更多机会在大脑中重现所学内容，加强记忆。

我太太婚后容易忘东西这个特点，首先跟婚后的生活压力增大有关，婚前在她的原生家庭里，需要她考虑的事情很少，生活几乎没有什么压力。

婚后她要承担烦琐的家务，又要工作，又要照顾孩子，还需要考虑双方老人、兄弟姐妹之间的事情，加上有一定的经济压力。一时没有适应婚后生活的她，精力有些不够用，难免会顾此失彼。

按照麻省理工学院这个实验的原理，如果我能理解她、接纳她，她更容易安静下来，也更容易从实践中学习，成长自己，适应婚后的生活。而当时执迷不悟的我，只是一味地指责她、批评她、不接纳她。这不但使她安静不下来，还增加了她的压力和焦虑，使她更容易忘东西。

就好像实验中的小白鼠，如果每当它们出了迷宫，实验人员就拿小棍驱赶它们、教训它们，不给它们安静的机会和空间去重新通过回忆加工信息，它们可能需要更多的时间才能学会走迷宫，甚至，它们会讨厌走迷宫这件事情。

而后来我看见我太太忘东西时故意不说，她没有了来自我的压力，焦虑自然会降低一些，这也无意之中给了她安静下来的空间，在这样的空间里，她更容易反思自己、成长自己。所以，才会出现两个月之后她忘东西次数减少了的现象。

当然，也不是每一个进入婚姻后的女人都会变得容易忘东西，随着对心理学知识和理论学习的深入，以及对我爱人儿时经历的了解，我越来越清楚地意识到，我爱人爱忘东西的特点，有更深层的原因。

我爱人出生以后，她母亲工作很忙，经常是把她交给这个人照顾一阵、那个人照顾一阵，照顾她的人不固定，养育环境很不稳定，这本身对她的心理发展及自我整合就非常不利，何况还发生了一件足以给她的身心都带来不小创伤的事件。

大约在她出生后六个月大时，到了冬天，不知道是她父亲还是姨妈给她烤棉袄，把棉袄里边肩膀位置烤着了，也没有人发现。给她穿上以后，她就一直哭，大人想尽办法也不能让她停止哭，直到大人闻到煳味才意识到发生了什么，这时她右臂上侧已经被严重烫伤，除了留下一个永久的伤疤外，也让那么小的她承受了连大人也承受不了的巨大痛苦。

很可能，这份痛苦一直留在她意识不到的潜意识深处，她无法将之整合，需要消耗大量的精力来防御，忘东西，最大的可能是精力不够用了。她还容易把人名搞混，把数字说错，比如三千说成三百等，这也明显像是精力不够的样子。

本来就需要花费大量精力来应对内心深处自己都意识不到的痛苦的她，结婚后要承受更大的压力，需要耗费更多的精力，忘东西次数变多是一个必然结果。

对于像她这样内心有着巨大的意识不到的痛苦的人而言，他们最需要的就是有人能够提供一个完全接纳与允许的环境，他们好有机会慢慢地去面对和疗愈内心的痛苦。在成年之后，除非接受心理咨询，否则这个提供接纳与允许环境的人当然只能是爱人。

但很多爱人，都像当初的我一样，会在他们出现一些问题时批评、指责他们，这不但不能帮到他们，还会增加他们新的痛苦，使他们疲惫不堪，甚至无法承受。

这也意味着，爱人犯错误的时候，会本能地静下来进行反思，如果他已经自责了，就不要再指责他。因为这可能会让他产生不必要的焦虑、愤怒等情绪，不能安静下来，从而影响他的自我反省，他的注意力会从反思、成长上被转移。不被接纳的犯错，反而更不容易改正。

没有人是完美的，在爱情关系里，人们如果能够允许对方不够完美，不再挑剔对方，就给了对方一个成长的空间，对方会在这个比较舒适的空间里慢慢成长，越来越完整。

幸福不是靠改变对方得到的，幸福是靠允许对方不完美、接纳真实的对方、成长自己、学会跟真实的对方相处才有的。

幸福不在别处，就在于自身，向内找，才能找到它。

有爱的能力，离婚"没必要"

他们是一对结婚两年左右的年轻夫妻，理应还是如胶似漆的亲密状态，但他们的关系却已经水火不容了，经常生气、吵架，甚至动手摔东西。然后冷战一段时间，收兵讲和。

只是，和平局面并不持久，很快又会因为一点小事，生气、吵架、摔东西、冷战，反反复复无休无止。半年来，这样非正常的状态已经成了他们家里的常态。

丈夫觉得妻子强势，不温柔，事业心太强，心思都在工作上，很少照顾家和自己。妻子觉得每个家庭都有自己的生活，丈夫对婆家的兄弟姐妹给钱给物，照顾太多了，不应该这样。

丈夫想马上要孩子，妻子不想。两人都觉得对方不对，不理解自己，心里都极其委屈和愤怒。经过一段时间的争吵和冷战，两人决定离婚。

机缘巧合，就在两人商量离婚协议具体条款期间，通过朋友介绍，他们来到了《爱的能力》的课堂。来时他们的心情都非常低落，妻子基本是一说话就哭，丈夫黑着脸。

课上，通过与我现场对话和参与体验环节，丈夫意识到，妻子的强势是源自她内心安全感的缺失，渴望通过控制、金钱等获得安全感。为此，丈夫开始有些理解妻子了，愿意尝试接纳真实的她，不再用对错来看待她，而是愿意陪伴她慢慢成长。

妻子也明白了，丈夫跟原生家庭的关系走得近，是很多农村家庭走出来的人共有的特性。儿时一起吃苦、务农、供他读书，一家人都希望有朝一日他能考上大学，到城市里生活，改变全家人的命运。现在，他终于在城市里安家立业了，如果不让他帮助兄弟姐妹，他会难以原谅自己，这是他的内心情感的需求。妻子也愿意不再用"应该、不应该"来看待丈夫，而是愿意试着接纳他以及他的原生家庭。

　　课程最后分享环节，两人感触颇多，原来婚姻的经营还有这么多学问，一直以为是对方的问题，现在才发现原来是自己不够接纳对方、理解对方，缺少爱的能力导致的。

　　离开课堂后，他们努力做课后八周的练习作业，寻找自己可以做得更好的地方，不断调整自己，接纳对方，把原来对对方的不满和指责变为对自己的反思和完善。几个月后，两人决定不离婚了。

　　后来，通过他们的微博，我知道他们的女儿已经两周岁了。经常看到他们晒出女儿的照片，张张都透着股幸福的味道。

　　在爱情的关系里，当两人都向外挑剔对方的不足，注意力都放在对方如何不对、如何不应该的时候，心中就只有怨气甚至是恨。之后，要么相互抱怨和指责，要么隐忍，实在承受不了时，就想到了分手。人一旦开始向内寻找，就会发现问题不只是对方的，自己不能够接纳真实的对方才是问题的根本。

　　也许，很多人如果愿意成长自己爱的能力，接纳真实的对方，离婚也许没必要。

有爱的能力，剩女"不愁嫁"

　　向内寻找、提升自己爱的能力，不只是已婚的夫妻，单身男女也是一样，因为恋爱也是需要爱的能力的。

　　她是一位未婚大龄女，在北京有一家自己的公司，十几年来为找男朋友奋斗不止。各色男人见了不少，有亲戚朋友介绍的，也有社交场合认识的，还有交友网站上联系的。结果要么是自己看不上对方，要么对方看不上自己，偶尔一个看对眼的，交往一段时间后，又逐渐没了下文，不了了之了，始终没有一个成功的。

　　在她看来，自己找不到对象的原因倒是挺简单："就是缘分没到。"随着年龄越来越大，家里父母、亲戚也催得更加厉害。这缘分什么时候才能到呢？她心里一点儿底都没有。

　　与众多单身学员一样，她来到课堂上时，也是半信半疑、抱着试试看的心态来的。对于我以及《爱的能力》这门课程，她心里也是没有底的。

　　但一个人只要愿意探索自己、成长自己，生活就不会亏待她。课程结束后，转机出现了。

　　之前她在找对象时，虽然没有什么特别的要求，但她只要一发现对方有缺点，就会很快放弃，可谁又没有缺点呢？而且凭她的社会阅历，在生意场上打拼多年，已经练就了较高的洞察力，很容易看到别人的缺点。只要看到缺点就放弃，让她错过了一些原本比较合适的男士。

通过参加课程，她终于认识到，人人都有缺点，不可能找到完美的人。如果谁以为自己找到了，以后也很容易会发现，那只是当时的"我以为"。她过于追求完美的爱人，容易发现对方的缺点，是自己内心恐惧婚姻的一种外在表现，而这又与她原生家庭父母的婚姻质量以及爱的缺失有关。

相亲时或恋爱中总盯着别人的缺点看，看到缺点就淘汰，逃避跟他们生活的可能，看起来逃避的是有缺点的人，实际上逃避的是自己内心的恐惧。

课程结束三个月后，她找到了自己的爱人，她接受了一个以前想都不会想的"缺点"——男友有一个孩子。他们确定了关系后，她给我写了一封信。

这封信并不长，我把其中的一部分摘抄在这里，跟大家分享，也希望大家能感受到她所领悟到的关于寻找爱的真谛：

作为剩女的我，过去总是在不断地换恋爱对象。总是希望别人是完美的，不肯自我改变；不愿深入发展，稍有不顺心就放弃；总是在挑剔对方，而不是欣赏对方；总是对对方期望值过高；总想坐享其成，把人生的幸福快乐寄托在别人身上……所以我一直找不到我想要的幸福。

现在我明白，人没有完美的，接受对方优点的同时，我也要接受他的全部，包括缺点。快乐幸福的人生，不是靠别人给的，是自己给自己的，自己要对自己的幸福快乐负责，这些都是要不断地完善自己，提升爱的能力才能获得的。

幸福是要向内求的，而不是向外求。

一年后，我收到了她的结婚请帖，邀请我参加她的婚礼。

事情往往就是这样，有人得不到幸福，抱怨社会如何出了问题、男人如何不靠谱、女人如何不像话时，幸福反而离他们越来越远了。一旦开始了向内求，开始反思和成长自己，不断提升自己爱的能力时，幸福就开始悄悄地向他们走来。

有爱的能力，幸福不是神话

在古希腊的神话中，男人和女人本来是一体的，他们力大无比，十分强大，这威胁到了神界。众神之神宙斯命阿波罗把人一分为二，一半是男人，另一半是女人，并且分别放在不同的地方。从此，人们生下来后就有个愿望，就是要找到自己的另一半，而且世界上也只有一个人是属于自己的另一半（或许就是这个原因，我们有时把自己的爱人也称为另一半）。

按照这个神话，全世界只有一个人是属于自己的，找到他你才完整，找到他你才幸福。真是这样的话，人类可够悲惨的，全世界这么多人，到何时才能找到自己的另一半呢？凭人类有限的寿命，恐怕绝大多数的人要孤独一生了。

还好，神话就是神话，不是真的！

真实的情况是，只要你自己内心强大、人格完整、心中充满爱、拥有爱的能力，有很多人是适合你的对象，不是一个人，而是一群人。与这群人中的任何一个结合，你都可能会获得幸福。

从发现我和我太太之间的问题与我有关时开始，我就不断参加各种培训课程、看书、学习心理学，寻找自己身上的问题并成长，在这条通往幸福的道路上持续前行。我和太太之间吵架越来越少，她的情绪状态越来越好，我心中"忍到孩子十八岁，等孩子成人了，我就和她离婚"的想法也越来越淡，直到现在已经完全没有了。

当时，我也经常思考，既然婚姻和情感的经营是有方法的，为什么没有人告诉我这些方法？为什么没有人教我们怎么经营爱情？为什么没有人教我们如何提升爱的能力？

既然我的发现和努力，已经被证实是有效的，我就要继续朝这个方向努力，彻底解决我们之间的问题，让我和我的家人更幸福。

另外，有没有可能把我的这些发现分享给更多的人？让大家都在爱情的道路上少走弯路、让更多的人都可以享受幸福？

抱着这个想法，我进行了更多关于情感经营和心理学方面的学习与研究。后来，我开始试着把我的发现以讲座的形式分享给更多人，教大家如何经营感情，提升爱的能力，让我没想到的是，课程很受欢迎。自此，也开始了我的婚恋心理辅导的职业生涯。

2008年，我创办了自己的婚恋咨询机构，时至今日，课程已经开办近百期。

这些年，很多人因为接触这个课程开始向内心寻找自己的幸福，进而改变了生活。上过课的人们陆续介绍朋友和亲人们来到课堂学习，参加课程的学员越来越多。

为了能让更多的人有缘学习我的课程，拥有幸福的婚姻与爱情，我把我这些年在婚恋经营上的发现和感悟，有关如何提升自己的爱的能力的方法，全部写在了你正在看的这本书中。看到这本书的人，是和我一样幸运的人，因为你也许拿到了通往幸福爱情宝藏的钥匙。

在本书里，你将发现：

爱情的可贵之处，除了浪漫、美好之外，还有其更加珍贵的功能，就是在爱情的关系里，你拥有了一个成长的机会，所有在儿时没有成长好的人格特点，在爱情里，都能够再次获得成长的机会。也只有在爱情的关系里，才有这样的机会。

你还将发现，幸福不是神话，幸福就在你心里。

痛苦往往来自爱的能力缺失

在我的工作中，经常会遇到有人无奈地跟我讲他们在爱情中的痛苦，其实，这都跟爱的能力的缺失有关。

有一个女学员，她的痛苦来自老公的妹妹。

妹妹已经三十多岁了，未婚，亲戚朋友给她介绍了很多次对象，一直没有成功的。至今还是跟父母、哥哥、嫂子住在一起。

她觉得婚后跟老人一起住是没问题的，但妹妹是成年人了，就不要住一起了。

但这还不是最大的问题，妹妹和哥哥关系很好，经常是吃饭时哥哥给妹妹递筷子，妹妹给哥哥盛饭。闲暇之时，兄妹俩经常坐在沙发上聊天聊得很开心。嫂子经常感觉这兄妹俩像"夫妻"，自己像个局外人。

为此，他们夫妻总是吵架，她感觉自己很不幸福，考虑要不要就此分开。

她感觉这不是自己想要的生活，她向往的家庭生活是自己和老公能有独立的空间,她觉得老公的妹妹应该自己出去租房子住。她更希望老公和妹妹不要这么亲密,应该和自己更亲密些。

这位女学员的婚姻不幸福,在她看来,是因为她老公和妹妹关系太亲密导致的,如果他们没有这么亲密,自己会更幸福些。如果改变不了老公和妹妹的亲密,她宁愿离婚。

如果我们把注意力都放在兄妹俩的亲密上,也许我们会支持这个女学员。我们会说明显就是她老公和妹妹的不对嘛!哥哥都结婚了,兄妹就不能这么亲密了,他们需要照顾到嫂子的感受。

但是,如果说兄妹俩太亲密,就是嫂子不幸福的唯一原因,也不是看问题的全部视角,因为嫂子的不幸福,也跟她内心的特点有关,妹妹跟老公的关系,触动到了她内心的某些痛苦,这影响到了她的爱的能力。

没有爱的能力,换个人也不会幸福

如果说是老公和妹妹太亲密让这位同学不幸福,那么,假设这位同学离开这个老公,换一个老公,换一个家里没有这样妹妹的老公,就一定会幸福吗?

那可不一定,家里没有了这个问题,也许会有别的问题,没有了太亲密的妹妹,也许会有别人的情况,比如:他有在农村的父母和一群兄弟姐妹。

假设她说不找农村出来的，只找城市里长大的男人，也许他有一群好哥们儿，一有空就聚到一起吃吃喝喝。

如果他没有那么多哥们儿，那他也可能是个工作狂，经常有重要的客户需要应酬。

如果他没有客户需要应酬，他可能经常在家写程序，没空理你。

或者他不是程序员，他可能是个整天满世界飞的"空中飞人"。

又或者他不是"空中飞人"，天天准时下班回家，但回家就坐到电脑前开始网游大战。

也许前面的这些问题他都没有，但他可能脾气不太好。

不要觉得我在拿少有的现象来普遍化，让我来告诉你真相，前面说的这些人都是我生活中的人。

脾气不好的是我曾经的楼上邻居，住在他家楼下时，经常隔着地板我们都能领略到他老人家的火暴脾气。

回家就玩网游的是我原来的一个同事，周末经常玩通宵。

"空中飞人"是隔壁的一个企业主，一年四季到处出差，很少有时间陪家人。

程序员是我的一个好朋友，总是把工作带回家，到家就进书房，对着电脑开始编程，很少跟家人沟通。

整天应酬客户的是我的一个多年的哥们儿，车后备厢里经常装着半箱茅台酒，我偶尔给他打电话时，常能遇到他在陪人喝酒。

有一群哥们儿的是我以前的一个同事，此人人缘比较好，谁有困难他都乐意帮忙，大家都很喜欢他，就是很少见他在家。在哪儿都能遇到他，他乐于助人，喜欢热闹，就是不喜欢待在家里。

至于那个有着生活在农村的父母、有一群兄弟姐妹的，就是这本书的作者，本人，赵永久。

我的老家在农村，有一个弟弟两个姐姐，虽然他们现在都在城市里生活，但生活条件都不算太好。所以，我总想帮帮他们，难免要把我的爱分给他们一些。

俗话说："家家有本难念的经。"每个家庭有每个家庭的问题，跟不同的人结婚需要面对不同的问题，没有问题的生活几乎是不存在的。

所以，那位嫂子，她如果换了一个老公，虽然没有了他妹妹的烦恼，但生活总是有烦恼的，她会遇到其他的烦恼，只是嫁给不同的老公，遇到的烦恼不同而已。

其实，她不一定要换一个老公，也不一定要一直这样不幸福地生活下去，也可以选择向内探索以及成长爱的能力，幸福的生活也可能会到来。

否则，即便换了一个爱人，还是会遇到问题，还是可能不知道如何解决这些问题，难以幸福。

幸福不幸福，也许一念间

在婚姻和爱情中，看起来经常是人们遇到的问题影响到了感情，尤其是动不动就想用分手或离婚来解决问题的人，更是容易这样认为。而实际上，每对爱人都会遇到问题，未来会幸福还是会分开，并不完全取决于人们遇到的问题，还取决于人们对问题是如何归因的。

一类人在感情遇到问题时，容易归因为自己"找错人"了，认为自己的爱人不是一个适合自己的人。既然是找错人了，怎么解决这个问题呢？只有换人，分手或离婚。所以，这类人容易用换人的方式来解决感情中遇到的问题。在我刚结婚的前几年，我就是这样归因的，常常觉得只有换人才能解决我们的问题。

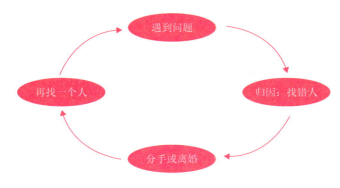

归因：找错人

这个归因方式容易使人陷入一个怪圈：换人后，再次遇到问题时，还容易归因为"找错人"，解决的方法还是分手或离婚，然后再找一个，开始一个新的循环。

我曾听一位美国的婚恋专家分享过一个他们在离婚率上的研究，他们发现了一个规律：结婚的次数越多，离婚率越高，直到第八次结婚，离婚率才会下降。

这可能是因为结婚的次数越多，越容易让两个都是习惯归因为"找错人"的人结合在一起，在遇到问题时，双方都习惯了用"换人"来解决问题，离婚的可能性当然越大。到了第八次婚姻，很多人就已经到了生命终点了，没有时间"换人"了。

倾向于归因为"找错人"的人，即便不想着换人，也容易去改变对方，让对方变成自己理想的爱人，而这正是很多人在感情里痛苦的源泉。改变和后边要讲的"影响"有本质区别，"影响"不会令彼此痛苦，而改变会。

另一类人这样看待感情中出现的问题：我们为什么不能和睦相处呢？也许是我还没有学会跟真实的对方相处。怎么解决呢？当然是学习如何跟真实的对方相处，也就是成长自己、调整自己，而不是改变对方。

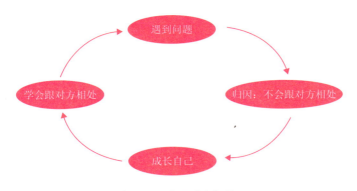

归因：不会跟对方相处

这类的爱人也会遇到问题，但每一次遇到问题，都是了解真实的对方—成长自己—学会跟对方相处的机会。所以，同样是循环，但这类人在循环中得到了成长，感情中的问题会越来越少，关系会越来越好。

曾经有一次，我因为出去办一件事情没有跟我太太打招呼，回来后发现她对此有情绪，我得出一个结论：她在意我外出办事时有没有跟她打招呼。这就是真实的她，我要怎么成长自己、学会跟她相处呢？以后出门办事记得跟她打招呼，这并不难做到。

这样归因的爱人是少数，幸福的夫妻也是少数，这绝非巧合。想要幸福，在遇到问题时，就要去思考怎么跟真实的对方相处，而不是动不动就想换人。

在这一点上，相当多的人对待宠物的态度甚至要比对爱人还要好。养宠物的人很少动不动就把宠物闯的祸归因为"养错宠物"了，而是归因为"不了解它，不太懂得怎么养它"。人们总是认真研究宠物的特性，然后调整自己来适应它们。

前些年朋友送给我们家一条小狗，刚抱来的时候，它一直是在屋里大小便，搞得屋里臭烘烘的。后来慢慢发现，它大小便是有时间规律的，每天早中晚各一次，我们只要在这三个时间段里带它出去遛遛，就能保证它不拉在家里。

它还咬坏了我太太三双鞋，为此，我们没有说养错狗了，再去抱一只不咬鞋的小狗，而是把鞋放得高些，让它咬不着。

这就是接纳真实的它，改变自己，学会跟它相处。

说个玩笑话，如果人们能用对待宠物的态度对待爱人，也许很多爱人之间，都会更幸福。我把这个道理讲给朋友听时，朋友说，这话听起来怎么像是人们对狗比对爱人要包容，爱人混得还不如狗似的，或者狗都比爱人混得好。朋友的话，乍一听，觉得挺别扭，但仔细想，确实又是真话。

"找错人"还是"不会相处"？一个是向外归因，一个是向内归因；一个要求外界改变来适应自己，一个愿意了解外界，进而改变自己来适应外界。也许在爱情里，一个人容易幸福还是不容易幸福，区别就在于自己遇到问题时的一念之间：是向外归因还是向内归因。

这些年，不少人对我说，因为看了这本书，或上了这门课，本来想要离婚的不再离婚了。因为他们的归因方式发生了改变，在情感关系遇到问题时，当他们不再认为是"找错人"了，而归因为是"不会相处"时，也就开始了自我成长的道路，开始了探索和寻找跟爱人相处方法的旅程，也走上了一条能让自己的婚姻幸福的路。

第二章

爱的五种能力是什么

正所谓"相爱容易相处难"，爱上一个人不难，难的是如何跟相爱的人相处。爱是一门学问，并非天生就会，而是需要后天学习。

大多数人在原生家庭里，并没有学会如何去爱，父母用"自己的方式"爱孩子，孩子长大了用"自己的方式"爱他人。常常导致付出的人真的付出了爱，被爱的人却感受不到，因为不会爱。

爱是一种能力，想好好地爱一个人需要具备爱的能力。但它不是一种单一的能力，而是多种能力的综合。包括了五

种具体的能力，有了这五种能力，无论跟谁生活，都会容易
幸福。

爱的五种能力也是情商的具体体现，一个情商高的人，
一定是这五种能力都高的人。或者说具备这五种能力的人，
也一定是情商高的人。爱的能力，实际就是情商在婚姻和爱
情里的具体体现。

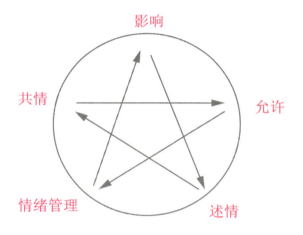

爱的能力之一："情绪管理"

每个人要管理好自己的情绪，才有能力去爱别人。不能
管理好自己情绪的人，常常让与自己相爱的人痛苦，容易错
失爱的机会，甚至会伤害人。

爱的能力之二："述情"

是指用不伤害关系的方式表达自己的需求、想法和感受。

人们在表达和沟通上常犯的错误是要么有了情绪或需求不说，闷在心里，隐忍，等到忍不住了就爆发了；要么常常用指责和抱怨的方式表达和沟通。隐忍伤自己，指责和抱怨伤害对方。而述情是情感关系里最合适的，不伤害任何人的沟通方式。

爱的能力之三："共情"

理解并支持对方、善解人意。这几乎是所有人都希望爱人能具备的能力，可惜很多人都没有。大家基本都是习惯了讲道理、教育对方、给建议，而不知道很多时候对方需要的其实是共情。

爱的能力之四："允许"

尊重差异、允许成长。爱人之间吵架，发生分歧，很多时候都是因为不允许所导致的，不允许对方跟自己不一样，不允许对方有些特点，不接纳真实的对方，想要控制对方或改变对方。这会让双方都痛苦，有了允许的能力，才能给对方做真实自己的机会和空间。

爱的能力之五："影响"

每个人都会变，在爱情关系里的人们更是会因为对方而变，可以说一个人找了不同的爱人就会变成不同的人。有可能越变越完整，也有可能越变问题越严重，那么，自己怎么做，对方就会变得越来越完整呢？对方就能成长得更好呢？这就是影响的能力，让对方成长的能力。

爱的五种能力是一个完整的系统。每种能力都很重要，并且相互影响，一种能力不好，其他能力就可能会受到影响。

一个人做不好情绪管理，经常发脾气，或压抑情绪，就做不到述情、共情。

一个人不会述情，就不能把对方影响到越来越完整的方向上去，因为影响有时是需要述情来达成的。

一个人如果不能够允许，就做不到共情，因为共情的前提是接纳真实的对方，允许对方以他本来的样子存在。不允许的人常常会想改变对方，也就做不到积极地影响对方。

在本书第二到第六部分，将分别介绍爱的五种能力的具体内容，以及练习的方法，按照书中的方法去做和练习，一定会让你的爱的能力快速提升，也会让你的生活越来越幸福。

"允许"轻松解决婆媳关系问题

前面说的那位女学员，面对她老公和他妹妹过于亲密这个情况，如果能提升自己"允许"的能力，她马上就可以轻轻松松地获得幸福。

哥哥和妹妹，本来从小就是亲密无比的一对兄妹，长大了要保持多少的亲密和距离，是没有一个标准的，只要没有做出"过分"之事，在道德和法律上就都是允许的。

这对兄妹有这样的亲密，是他们从小发展过来的模式，是他们从小一起的经历导致的，也是彼此内心的情感连接决定的。这也是他们特有的家庭模式，是由他们的原生家庭决定的，就像是有些兄妹较为疏远一样，都是一种独特的关系。

如果这位学员能允许他们这样保持亲密，当然，这需要和她内心的痛苦有一个接触，哥哥和妹妹的关系就可能不再是她心里的一个障碍。

很多时候，家庭里的一些问题是难以避免的，就像人世间的生老病死一样，是自然规律，如果内心不允许，人就开始痛苦。

比如：

自古以来，在中国的家庭里，婆媳关系都是一个不好处理的问题，或者说简直是个千古难题。关于婆媳大战的故事也经常被搬上荧屏，有人说："谁要能想出办法解决了婆媳问题，应该颁给他诺贝尔和平奖。"婆媳关系的问题有多么难以解决可想而知。

婆媳关系为什么就那么难处理呢？

媳妇和婆婆两人本来就没有血缘关系，又没有深厚的感情，有的只是因为婚姻关系和亲子关系的对接而应该遵守的道德约束，还有因为争夺来自同一个男人的爱而产生的矛盾，所以，婆婆和媳妇两人关系不好也是正常的。

也就是说，婆媳关系不好这个问题并不是关键，关键是中间的那个男人：媳妇的老公、婆婆的儿子，他允许不允许这个问题的存在。问题本来很难解决，如果他又不允许这个问题的存在，那婆媳关系不好这个问题就真的成问题了。

如果一个男人不允许这种情况的存在，面对媳妇时，他就可能会责怪媳妇不够尊重母亲，也可能会要求她爱屋及乌，爱他就要爱他的家人。可媳妇心里明明就是不爱，非要要求她去好脸相待，这跟她心里的真实感受是不同的，她当然会很委屈和痛苦。

面对母亲时，有些男人还可能会责怪母亲，认为她老人家那么大年纪了应该让着晚辈，现在的媳妇在当女孩儿时都是娇生惯养长大的。这样一来，母亲可能会骂他娶了媳妇忘了娘。

看，一个男人夹在媳妇和母亲之间，是不是很为难？向着媳妇或向着母亲都不行，也没有一个两全其美的方案。

甚至，当婆婆和媳妇发生矛盾时，夹在中间的这个男人，他根本就看不出来媳妇和母亲哪个更有理一些？哪个更对一些？所谓"清官难断家务事"，家里的事也真的很难分出对错的。

婆媳关系是非常难相处的，如果夹在中间的男人能够允许她们关系不好，只要她们都跟他关系好、都爱他就行了，她们相互不喜欢不影响各自独立的生活，就是一个"允许"，使问题变得很不同了。虽然没有解决这个问题，但会使这个家庭更和谐。

需要注意的是，这不是消极心理，也不是阿Q精神那么简单。这是接纳，是"允许"，是心的境界，是智慧，是爱的能力。

实际上，世界上很多国家和地区之所以没有"婆媳关系"问题，本身就是因为那里的男人允许她们关系不好，内心根本就不期待婆媳关系好，也不会婚后让她们住在一起，而并非是他们的婆媳关系处理得好。从这个角度看，婆媳关系本身就是由人们过于期待婆婆和儿媳这对天生的情敌关系好创造出来的。

就是这样，世上没有完美的事，世间事十有八九不如意，有些事情不如意时，如果我们能允许、能接纳，也就不会影响我们了。

同样的道理，这位嫂子会因为老公和他妹妹的关系好而不幸福，也与自己无法允许这种现象有关。允许了、接纳了，她自然就会感觉到幸福了。当然，使得她做不到允许的原因，可能是她内心的某种痛苦被唤醒了，这又与她的成长过程与原生家庭有关了。想要提升允许的能力，她也可以去深入地探索自己的成长经历与内心感受。

"述情"慢慢"影响"对方变好

在做到了允许之后，这位女学员希望老公跟自己更亲密的情感需求，并非完全不能得到满足。

只是，这时又需要她具备另一种爱的能力了，那就是"述情"。通过"述情"来慢慢"影响"他们，但"影响"是建立在"允许"的基础上的，没有"允许"，就无法积极"影响"。

她内心虽然希望老公跟自己亲密些，但之前她做的是指责。她告诉老公，他跟妹妹这么亲密是不对的，应该跟自己更亲密些。这样就否定了老公，好像他那样做是错的，不跟妹妹那么亲密才是对的，这是老公接受不了的。

因为哥哥跟妹妹关系好本来也没有什么对错，那只是他们特有的感情而已，否定必然会引起老公的反击，因此，夫妻之间的吵架就发生了。她的初衷是希望老公跟自己更亲密，结果是两人因此更疏远了，很明显，她的方法是无效的。

她如果有"述情"的能力，情况可能就会不同，她可以经常跟老公说："看到你们兄妹俩那么好，我有时感到莫名的不舒服，可不可以以后我在场时你们注意些！"

"你跟妹妹在一起聊天时，我有时坐在一旁很失落，妹妹在场时，希望你也能多陪我聊聊天。"

不说老公不对，只说自己的感受和需求，老公的感受就会有很大不同。

当然，要述情，还需要她能先管理好自己的情绪，能够心平气和地去跟老公沟通，而不只是吵架。

这样，老公可能一下子就感受到她内心的感受了，下次他再跟妹妹互动时，可能会想到旁边还有老婆。妹妹和老婆同时在场时，他可能也会更多关注一下老婆了。

这样还避免了因指责老公而引起的争吵，两人之间的关系就不会被破坏。所以，当人们希望爱人满足自己的需求时，需要的是述情而不是指责。

当这位女学员有了这些变化，虽然她的老公和妹妹的关系还是那么亲密，但她能"允许"他们亲密，能有"共情"的能力去理解老公和妹妹，也能很好地"管理情绪"后去"述情"，"影响"老公来理解自己，慢慢改善他们夫妻的关系，他们就可以幸福地生活在一起。

当然，和我们很多人一样，想要全部做到这些，也不是一件容易的事情，这需要她投入很多。

人人都想要生活幸福，但幸福的生活不是别人给予的，幸福的生活往往是自己创造出来的，是源自内心有足够的爱的能力，外在的世界只是内心投射和创造的结果，幸福先是

038

在自己心里的。

就像成功的人先是有一个成功的内心，然后，再慢慢地把它展现出来一样，幸福的人先是内心有爱的能力之后，再慢慢地把它展现在生活中的。

有爱的能力的人不讲"理"

在爱情的关系里，有一个很多人穷其一生都不知道的"秘密"，那就是爱情里从来就不讲"理"，家也不是讲"理"的地方，有爱的能力的人在爱情里是不讲"理"的。

你有没有注意过一个现象？当一对吵架的夫妻坐在你面前让你为他们评理的时候，你很难说出谁更有道理，真是应了"公说公有理，婆说婆有理"这句老话。

我在为一些夫妻做咨询的时候，经常会有这样的感觉，两个人都在向我控诉对方的不是，听起来两人说的都有道理。

老公："她总是乱花钱！"

老婆："我怎么乱花钱了？"

老公："你买了很多衣服放着不穿，却还要买！"

老婆："我的很多衣服都已经过时了啊！女人的衣服流行潮流过得很快的，你总不至于让我穿着过时的衣服出去丢人吧？"

老公："哪里过时了？分明还挺新、挺时尚的，大街上穿的人多的是！"

老婆："有的人是会穿着过时的衣服上街，但我不会！"

老公："你啊！就是爱乱花钱……"

老婆："我哪里有乱花钱，是你不舍得给我花。说我乱花钱，你抽烟、喝酒、跟你那帮狐朋狗友一起胡混，花的钱也不比我少啊！"

遇到这样的情况，我就是再听上几小时，也判断不出谁更有理。而我也深深地知道，我不能这样做，他们之所以坐到我的面前，就是因为他们太讲"理"了，而这也是他们在一起经常会吵架的原因。

因为，家里从来就不是讲"理"的地方，爱情里也从来就不能讲"理"，想要提高自己爱的能力，人们要学会不讲"理"。

家里不讲"理"，爱情里也不讲"理"，而是要讲"情"、讲"爱"。

"爱"和"理"哪个更重要

爱情里要讲"爱"、讲"情"，家里要讲"爱"、讲"情"，难道"理"就不重要了吗？

想搞清"爱"和"理"哪个更重要，我们还是要看看心理学上对人类动机的研究。心理学认为人做事情都是有动机的，但归根结底人类做的事情只有两类：愉快的事和正确的事。

愉快的事　　　　　　　　正确的事

所有人类做的事情都在这个范围内，不是愉快的事，就是正确的事，或是既正确又愉快的事。

比如：

晚上想去唱歌，是愉快的事情，唱了心情会好！

上班打卡，是正确的事情，不做是错的，会受到单位的处罚。

人刚生下来时，头脑中是没有"正确的事"的概念的，只有"愉快的事"。儿童想吃、想玩、想睡觉、想让妈妈抱、想让爸爸背着，做的事情统统都是愉快的事。

愉快的事受本我支配。按照弗洛伊德的理论，本我遵循快乐原则，核心是满足个人当前的需要，受潜意识里的本能驱动。儿童在超我还没有发展出来之前，做事情基本都是受本我支配。什么高兴做什么，什么愉快做什么，想做什么做什么。

正确的事受超我支配。弗洛伊德认为，儿童是经由父母和社会的惩罚和奖励，逐渐发展出超我的。超我是社会化的结果，合并了社会的价值观和标准，具体表现为是非对错等，我们常常会用"应该"来表达这些。这些标准、规则的存在是为了让人们在满足自己时不要伤害他人，人类社会才得以有序发展。

人们在儿时，经常被爸爸妈妈教育，把玩具分享给别的小朋友一起玩是个好孩子，见人打招呼是个好孩子，拿人家的东西是坏孩子，打小朋友是坏孩子等。父母通过奖励或惩罚，逐渐让人们知道什么样的事是正确的、什么样的事是不正确的。

到了学校，更是学习"正确的事"的重要场合，比如做好事是正确的，随手丢垃圾是不正确的。即便走向社会，还是有大量的社会化标准被不断强调，目的依然是希望人们能做正确的事，满足自己的时候考虑到别人。

不做"愉快的事"人们自己不舒服，可能会伤害自己，人们常常把"想"放在这些事情前面，它们是感受、是情感、是欲望，人们受这些事情的驱动！

不做正确的事可能会伤害别人，所以，人们做事要遵循一定的标准和规则，保证在满足自己的时候，不伤害他人。

但是，过于严格的标准和规则，可能在人们并没有伤害他人的情况下，约束人的本能，使人不能做"愉快的事"满足自己需求，其实这对于被约束的人又是伤害了。比如：在大街上接吻，是属于愉快的事情，但在过去几千年都会被认为是不正确的，不但会被道德谴责，还可能会受到处罚。

这样的社会环境会压抑人的本能，人在这样的环境中就不舒服。同理，如果一个人在家里做愉快的事情，并没有伤害到其他人，而被过于严格的标准、规则约束，那他就会觉得家里不舒服。在没有伤害人的前提下，如果一个人过多地用"理、标准、规则、应该"去要求爱人，爱人就会不舒服。

例如：爱人只是早上多睡会儿，就被说是睡懒觉、不应该；只是把中午的碗放到晚上洗，就被认为是懒、不应该等。

愉快的事：
本我、欲望、想

正确的事：
超我、标准、
应该、理

心理学的一个著名学派——家庭治疗学派的观点就认为，很多心理疾病和精神疾病是由家庭文化导致的，这些家庭的特点就是有太多的标准、规则，而忽略人的内心是否愉快、感受是否良好，这样的家庭氛围是死板的、没有生机的。

这些家庭养育出来的孩子，走向社会后带着一种沉重感，无论什么时候都显得很正式，缺少活力，更是缺少情商。他们要么对自己要求很高，总是做正确的事，但不开心；要么对别人要求很高，总是能够发现别人的不正确。

《吸引力法则》的作者埃斯特·希克斯和杰瑞·希克斯夫妇，在他们的另一本书《情绪的惊人力量》中写道：

所有的规则条例、惩罚条文都无法改变人的内心，它们只能从外部作用于人类，迫使人类把自己想要的东西隐藏起来。可是有很多东西的力量实在是太大，是无法隐藏的，比如天性。所以，当被迫隐藏起来的东西积累到一定程度而寻求爆发的时候，就是灾难产生的时候。

他们所说的规则、条例和条文就是人们创造出来约束人们本能的"正确的事"，被约束的就是"愉快的事"，人类需要这些约束。但人对这些约束的承受是有极限的，约束不是越严格就越好的。约束在人能够承受的范围内时，可以使人道德高尚、人品优秀；约束过于严格和苛刻时，人就可能会出现心理或精神疾病了。

家是承载爱情的地方，成家是为了更加幸福，如果家里有太多的正确、标准，会让人不快乐、让人压抑。那些没有爱的能力的人，其中一个重要的体现就是凡事只讲道理、论对错，不关注别人是否愉快！跟这样的人生活在一起，的确不容易感受到幸福。

一个人很想跟另一个人在一起，一定是有一个前提的，那就是跟他在一起，是一件"愉快的事"！过多讲理、讲对错的人，总要求爱人"做正确的事"，给爱人太少做"愉快的事"的空间，爱人就可能不喜欢跟他在一起。

社会已经给了人们很多的标准，工作和生活已经有太多压力了。所以，在家里，这个承载爱情的地方，还是少讲些"正确"，多讲些"愉快"；少讲些"理"，多讲些"爱"。让每个人在家里都能开心快乐、轻松自在，而不是压抑和痛苦。也给爱人做"愉快的事"更多的空间，幸福就一定属于你了。

现在，你可以试试问自己：

你想吃饭和你应该吃饭有什么区别？

你想对一个人好和应该对一个人好有什么区别？

你想工作和应该工作有什么区别？

从一个人较多要求做"正确的事"，还是较多允许做"愉快的事"，按照对自己和对别人的区别可以把人分为四类：

B 类型的人对自己要求过高，自己内心不开心，所以，不是高情商、高爱的能力的人，因为情商高的人自己是很容易快乐起来的。

允许别人做愉快的事

	允许自己做愉快的事
要求自己做正确的事	B. 对自己要求很高，道德感较高，很少做开心快乐的事情。对别人却以愉快为主，能照顾别人感受，别人会很开心快乐，这样的人自己却少有快乐！ 为人正直、友好，富于奉献，但内心不快乐！
	A. 对自己和别人都以愉快为主，自己过得很开心快乐，别人跟这样的人在一起，也开心快乐！ 性格温和，精神愉悦，人缘较好！
	C. 对自己对别人要求都很高，道德感较强，做事看重正确与否，而不是愉快与否，这样的人自己少有开心快乐，别人跟这样的人在一起也很少有开心快乐！ 过于正派，脾气大，易得罪人，内心不快乐！
	D. 对己对人要求不统一，对别人要求高，对自己要求低，自己经常很开心快乐，但却不顾别人感受！ 以自我为中心，易对别人不满，人缘较差！

要求别人做正确的事

C 类型的人对己对人都看重正确与否，不关注愉快，是典型的低情商、低爱的能力。这样的人自己少有快乐，别人跟他生活在一起也会有很大压力，不过他们却是人们常说的"好人"。

D 类型的人对别人讲正确、要求高，对自己虽然讲愉快，对人对己标准不一致，给人感觉很自我，也属于低情商、低爱的能力。

只有 A 类型的人，对人对己都比较关注愉快，能让自己开心快乐，也比较关注别人的开心快乐！这样的人有较高的情商、较高的爱的能力。

一个讲爱，一个讲理，鸡同鸭讲

想要爱情幸福、家庭和睦，两人就都要经常强调"爱"

和"情"。一个人在强调"爱"，另一个人在强调"理"，两人显然不在一个频道沟通，是爱人之间产生矛盾或吵架的主要原因。

一个网友在我的博客给我留言：

情人节的时候，我对我老公说，让他给我买束玫瑰花，可他居然不买。我很失望，也很生气，我感觉他不在乎我、不爱我，真的爱我的话，为什么就不给我买呢？

我老公认为这是乱花钱，他爱不爱我不是通过这个来体现的，老夫老妻了就不要再老买花了，钱要花在该花的地方，不要买这些没用的。其实我家并不缺钱，我感觉他不爱我。

老婆把玫瑰花和"爱"建立联系，从"爱"的角度来看待买不买玫瑰花的问题，老公不买，她认为老公不爱她。

而老公则从"应该"的角度来看待这个问题，认为买玫瑰花是不应该的，是乱花钱，爱可以有很多表达方式，不买玫瑰花并不代表不爱。

一个人从"爱"的角度沟通，属于"愉快的事"，另一个人从"应该"的角度沟通，属于"正确的事"，根本就不在一个频道，怎么可能会有好的沟通效果呢？

再来看一个案例：

047

老婆晚上睡觉的时候总是希望他搂着，就像妈妈哄孩子一样哄着她睡。他如果在看电视或上网，老婆就睡不着，一遍又一遍地叫他，直到他上床搂着她睡为止。

他感觉很不好，觉得老婆这样做是不对的，又不是小孩子，睡觉还要哄，不哄自己就睡不着。他不想长期这样惯着她。

因此，他经常不愿这样做，结果老婆就感觉他不爱她，很委屈。两人经常因为这个事情吵架，甚至大打出手。

还是一样的问题，这位学员的老婆从"爱"的角度看这个问题，认为老公不哄自己睡觉，就是不在乎自己、不爱自己，为此她心里很难过。所以，一次又一次地跟老公闹。

而这位学员，他是从"应该"的角度来看这个问题，认为老婆这样是不对的，不对的事情他就是不愿意去做，因此，即便是老婆闹，他也不愿意去哄老婆睡觉。

一个要做"愉快的事"，另一个认为这是不正确的。不是在一个频道进行沟通，就好比是鸡同鸭讲，根本就没有办法沟通，怎么会有好的效果呢？

真的要有较好的沟通效果，双方都要从"爱"的角度来看待和沟通，在上面举的这两个案例里边，如果两位老公能从"爱"的角度来看待问题，结局就大不一样了。

比如：

老婆要玫瑰花的案例中，老公能看到这是老婆想要的，并且知道在家里"爱"有时比"理"更重要，可能就心甘情愿地为老婆买来大束的玫瑰花了。

在老婆希望老公哄睡觉的案例中，老公能明白老婆这是在向他索取"爱"，这是老婆希望的"爱"的方式，也明白在爱情里有时"愉快"比"正确"更重要，两人在一个频道里，也可能就愿意天天哄老婆睡觉了。即便不愿意去哄，也会跟老婆说明原因，得到老婆的理解，而不是说她这样不对。

爱情里既要愉快又要正确

一个人只管自己做愉快的事，而不管正确与否，肯定是不可以的。那等于人可以随心所欲地做事，而不管会不会对别人造成伤害，这样的人会成为一个道德缺失的人，甚至会触犯法律。

只做正确的事不行，只做愉快的事也不行，那要怎样？

答案是既正确又愉快！具体讲起来有两条：

一、在正确的范围内做愉快的事

在不触犯法律、不涉及道德的情况下，在不伤害别人的前提下，少一些正确，多给爱人及家人留些愉快的空间，让他可以做自己喜欢做的、想做的事情，舒服放松地做自己。

比如家人只是想要多睡一会儿、想要个自己喜欢的东西、想把今天的碗放到明天再洗等等一些无伤大雅，而又没有伤害其他人的事，就尽量允许吧，这样他们会更愉快些。家不是讲"理"的地方，家就是用来休息放松、撒娇耍赖、满足欲望的地方。

人们要做正确的事，但正确的范围不能过于严格。不管是自己还是别人，在大的正确的范围内，尽量允许人们做些愉快的事情。

做愉快的事，但不要超出正确的范围

所以，以后你可以试试：

当你的爱人开车走错了路！

当你的爱人早上多睡了会儿懒觉！

当你的爱人刷完牙又想吃东西！

当你的爱人偶尔想去奢侈一回！

你是否可以忘掉正确，让他愉快一下呢？

二、用愉快的方法做正确的事

正如前面所讲，人们也不能光做愉快的事，有时还要做些正确的事，那么，是否人们在做正确的事情时也可以用愉快的方法来做呢？这样不就既愉快又正确了吗？

当然可以，比如：

一个人在做的工作，只是把物品从一边拿到另一边，简单枯燥，而且会累，不是件愉快的事情，但人需要工作，因此这属于正确的事。

用愉快的方法做，可以是边拿边扭动身体、嘴巴里唱着歌，把这件枯燥的事情做得愉快些。如果一个人不断挑战自己拿物品的速度，不断追求超越自己，拿得就会更愉快。

比如：

收碗，本是简单枯燥的事情，有人却因挑战自己，把这件事情做成了愉快的事情。

陈文原，福建农林大学学生，人称"犀利收碗哥"。曾因一段"农大收碗哥"的视频在网络上疯传而走红网络。视频中，收碗哥在餐厅的餐具回收处，以不可思议的速度将餐具分门别类，动作快得让人眼花缭乱。而他自己也乐在其中。

这是自己做正确的事时，用愉快的方法。而人们在要求他人做正确的事时，也是可以用愉快的方法，也就是照顾到他人的感受。

比如：

跟爱人一起过马路，他想闯红灯。

只讲正确不管他愉快不愉快的方式是这样的："你怎么可以闯红灯？"这种质问的方式，虽然做的是正确的事，但没有照顾到对方心情，容易把事情做对了，却把感情给伤了。

用愉快的方法做正确的事，可以这样说："亲爱的，别着急，咱们等绿灯再走吧！"

这样，既强调了正确，又照顾了对方的心情，这叫既愉快又正确，不只是在爱情里，也不只是在家里，在与人打交道的过程中，这都是我们要遵循的原则。

比如：

在餐厅用餐，你点完菜，发现过了半小时了，服务员还是没有给你上一道菜，你想让服务员帮你催一下菜，否则万一服务员忘了给你下单了，你可就白等了。

这时，你叫服务员来，可以这样说："你们怎么搞的？我都等了半小时了，菜还没有上来，你们的服务也太差了吧！"

你强调了正确，但是服务员听到你否定他们，心情可能就不好了。你可能会说，他们高不高兴跟我有什么关系？那如果把他换成你的家人呢？你会用这样的方式跟服务员讲话，就可能会用这样的方式跟家人讲话，因为这是一种沟通习惯。

其实，你完全可以在强调正确时，也照顾到对方的心情，你可以这样对服务员讲："服务员！我刚才点了菜，到现在已经半小时了，还没有上菜，麻烦帮我看一下怎么回事好吗？谢谢！"

当自己做认为正确的事时，也要照顾到别人的愉快

就是这样，在爱情里，在家里，甚至在各种人际关系里，我们都尽量用愉快的方法做正确的事，照顾到大家的心情，在自己幸福的同时别人也幸福了。

既愉快又正确，其实就是你愉快的同时也照顾到别人的愉快，你就是属于前面讲的 A 类型的人了，就是爱的能力高的人了。

本书的目的在于告诉你具体如何成为这样的人。

有爱的能力的人不"付出"

在爱情当中，有些人会迷茫，觉得自己为什么努力了那么久，付出了那么多，却得不到应有的回报呢？

我有一个男学员，夫妻两人都在北京工作，孩子也在北京上学。前几年他单位有一个到国外出差的机会，需要去两年，收入可以比国内高出不少。

他想自己儿子以后出国留学需要较多花费，不如趁这个机会多挣点钱。于是，就跟老婆商量，老婆不同意，他就死缠烂打做老婆的工作，最后老婆被他缠烦了，勉强同意。

他出差的地方在非洲，工作环境非常恶劣，人也很辛苦。他心想这都是为了孩子、为了家，再苦也要忍，两年里吃了不少的苦头。

终于熬满了两年后，心想老婆孩子见到他都会很高兴。可是当他回来后，没想到由于两年不在家，虽然带回来一些钱，孩子却跟他生疏了，老婆也对他有很大的情绪，两人总是吵架。

他不明白，自己辛辛苦苦在外面打拼，都是为了这个家，而为什么家人却不领情呢？

长期付出却得不到回报的人，心中充满怨气，也容易心灰意懒。时间久了，要么变得不再愿意付出，要么就变得不再相信爱情，感情也越来越冷漠。

心中充满爱，一心一意付出，到头来还是没有得到自己想要的幸福，一些人迷茫了。这是因为他们不明白，有爱的能力的人，从来都不只是一味地付出。

那他们是如何做的呢？

这要先从爱的三个层次说起：

爱的第一个层次：满足自己的需求。

在众多人理解的爱中，有的人会把自己的需求理解为对他人的爱，当我们判断一个人是否爱上了另一个人时，也常常拿以下情况来做依据。

比如：

我想你，看不见你时满脑子都是你。

见到你就很开心，见不到就很痛苦。

我离不开你了，我发现我爱上了你！

一个人发现自己的脑子里整天都是对方，吃饭的时候是他，睡觉的时候是他，做什么事情也没有兴趣，一心只想着他，甚至梦里都是他的影子，我们经常说这是一个人爱上另一个人的表现。

其实，这哪里是爱，这只是对他人的心理需要。有对方就开心，没有对方就痛苦，这说明你需要对方才能开心快乐起来，可以说明对方是可以满足你需要的人，不能证明你是爱对方的，因为爱不仅仅是需要这么简单。

这说明对方是你的止痛药，是你的开心果！

没对方，你就痛苦，有对方，你就开心！

你不是爱对方，你是需要对方！

可这就是很多人证明自己爱上对方的依据啊，如果我一定要说这不是爱的话，很多人就找不到自己到底爱谁了。

好的，如果一定要说这是爱，那么，这也仅仅只是爱的最低级的形式！或是低级的层次。

因为这本质上是爱自己，是自己对对方的需求，是希望跟对方在一起来满足自己的需求，让自己更开心快乐一些。当然，对对方的需要也是我们跟对方在一起的原因之一，但不能简单地把这等同于爱对方，因为爱对方一定还包含着为对方着想的部分。

爱的第二个层次："自以为是"地付出。

还有一种爱，看起来像是很爱对方，本质上却是"自以为是"地在付出，这种爱是这样的：

自己认为西餐好吃，就很努力地学习西餐的做法，天天给自己的爱人做西餐吃，结果爱人不领情，因为爱人最爱吃红烧肉。

自己认为话剧好看，就经常带对方去看话剧，结果对方也不领情，因为对方更喜欢看电影。

自己认为钱多很重要，就拼命挣钱，但家人并不领情，因为家人更希望陪伴。

这样的人比前一种好些，前一种人是只爱自己，这样的人内心有爱对方的意愿，想着为对方做些事情，而不只是让对方来满足自己。但因为做的都是自己认为好的事情，不是从对方需要的角度出发的，所以，对方很难收到。这样的人到头来通常会得出一个结论：说对方不懂得感恩。

对方根本就没收到，怎么会感恩？对方甚至会感觉这样的人是自私的，因为西餐是自己喜欢吃的，话剧是自己喜欢看的，赚钱多了好也是自己认为的。到底是为对方付出呢，还是满足自己？

前面讲的那位到非洲出差的男学员，他对家人的付出不就是这样的吗？他以为自己辛辛苦苦挣更多的钱，家人会更喜欢，其实老婆孩子内心想要的是他陪着他们一起生活，而非挣更多的钱，他所付出的，并不是家人想要的，家人当然也不会领情。

这样的事情，在我们的生活中有很多人经常在做，有一次我发现自己也做了一些这样的事情。

很长一段时间以来，在夏天，我如果买水果回家，就是喜欢买西瓜。因为我感觉西瓜好吃，皮薄肉多，消暑解渴，价格又便宜，实在是最棒的水果了。

一个夏天的傍晚，我从外面回来，路上接到老婆的电话，要我买点水果回家。我就在小区的大门口买了一个大西瓜回家，没想到，一进家门，我太太看到是西瓜，马上就不高兴了：

"西瓜、西瓜，又是西瓜，你这个自私的家伙，就你喜欢吃西瓜，你不知道我喜欢吃草莓吗？"

这时，我儿子在旁边插言道："爸爸，我喜欢吃樱桃！"

那一刻，我才明白我在干什么！

我喜欢吃西瓜，我就自以为是地认为他们也喜欢吃西瓜，所以，经常给他们买西瓜。我认为我在付出爱，但他们感受到的是我的自私。这一次，我太太和儿子给我上了一课，我才意识到原来我们经常是这样爱对方的。

这样的人还会经常说一句话："我这样做还不是为你好！"

看看这句话，你是不是很熟悉，是的，这就是爸爸妈妈常说的话。很多做父母的，就是用这样的方法在爱自己的孩子，只管自己认为正确，不管孩子喜不喜欢。在学业上，在工作上，甚至在情感问题上，都要求孩子按照自己认为对的做，忽略了孩子的感受和意愿。看起来是爱，本质上是以爱的名义在控制孩子。很多人出现心理问题就是因为有这样的父母。

这样的人，他们的注意力还是在自己身上，就像我买西瓜一样，我关注的是我买了西瓜这个行为。我认为付出了，我爱了，却忽略了家人是否喜欢。其实，这还不是爱对方，这是爱上了"付出"这个行为本身，只关注自己有没有付出，却没有关注对方是否喜欢。

这也不是爱，如果一定要说这是爱的话，这顶多算是爱的中级形式，比前面讲的满足自己的需求高级些，但这是不够的，也是不能够获得幸福的。

爱的第三个层次：满足对方的需求。

满足自己不算是爱，"自以为是"地付出也不是真正的爱，那么，什么样的爱才能算是真正的爱呢？有爱的能力的人是如何爱的呢？

他们是这样爱的，在张艺谋导演的电影《山楂树之恋》里：

静秋上体育课没有运动衣，老三就悄悄地买来了运动衣。

静秋没有胶鞋，老三就悄悄买来了胶鞋。

静秋的妈妈治病需要用冰糖、核桃，老三就托人捎去了冰糖、核桃……

看完这部电影，从影院里出来了很久，我的内心还深深地被感动着，我知道很多人看完这部电影，也跟我一样被深深地感动，那是什么感动我们的呢？不就是老三对静秋那种恰到好处的爱和付出吗？

这才是真正的爱，为对方做的事情，都是以对方的需求为出发点，而不是自己的"自以为是"。

这样的爱是满足对方的需求，是用心去体察对方需要什么，有什么需求，然后去满足他，也许并不需要非常昂贵，却能深深地打动对方，让对方感觉到深深的爱意。

有一次我在大学讲课时，一名学生问我："我省吃俭用了很长时间，为我女朋友买了一条钻石项链，可是她好像并不感动，不愿意跟我约会，我该怎么对她呢？"

我听他说他女朋友正在考研，于是问他："你女朋友现在最需要什么呢？"

他说："她正在考研，最需要时间和考研复习资料！"

我说："是啊，她需要复习资料，你却送了项链；她需要时间，你还想占用她的时间，这些是她想要的还是你想要的？你在爱她还是爱自己？"

他笑了笑说："我明白了！"

最好的爱是满足对方的需要，他最好的爱对方的方式，是看自己做些什么可以帮助到对方节约些时间，或者主动去为她买些考研复习资料。

这样的爱，其本质才是爱对方，才是真正的爱、爱的高级形式，爱的能力高的人都是用这样的方式去爱对方的。只有这样，对方才能深深地感受到爱的存在，才能因为爱的存在而更加幸福。

其实，这不只是在爱情关系里面爱对方的方式，这也不只是在爱情里才有的方式，这是我们和所有人以及这个世界相处的原则，如果要为别人做些什么，一定是要以对方的需求为前提的。

弗洛姆说："爱首先不是同一个特定的人的关系，它是一种态度，一种性格倾向。这种态度、性格倾向决定了一个人同整个世界的关系，而不是同一个'爱的对象'的关系。如果某人只爱一个人，而对其他人漠不关心，他的爱就不是爱，而是一种共生性依恋或者是一种放大的自我主义。"

想要成为爱的能力高的人吗？那就不要一味地付出了，用心地去体察爱人都需要什么，然后去满足吧！

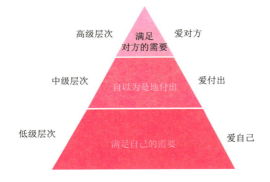

真正的爱是以满足对方的需求为前提的，不像最低级的爱是以满足自己的需求为前提，也不像中级的爱那样自以为是，表面上是爱对方，本质上是爱上了付出这个行为。

当两人都以满足自己的需求为前提时，双方都感觉不到来自对方的爱，都感受到对方是自私的，这样的爱情怎么可能会幸福？

当两人都"自以为是"地爱对方时，双方感受到的都是对方的"自以为是",内心是感受不到对方的爱的,这样的爱情也不会幸福。

当两人都以满足对方的需求为前提,在这个基础上去爱对方时,浓浓的爱意就产生了,这样的爱意可以体现在生活的点点滴滴。

比如:

知道对方喜欢吃什么,就经常买什么!

知道对方喜欢什么样的礼物,就经常买来送给他!

知道对方喜欢什么样的称呼,就经常这样称呼他!

知道对方喜欢什么样的爱抚,就经常这样爱抚他!

只要把握住满足对方需求这个原则,可以做的事情实在是太多了。

在电视剧《金婚风雨情》里,就描述了这种相互满足对方需求的爱。耿直(胡军饰演)不为自己老家来的人安排工作,却为舒曼(周韵饰演)的姐姐和姐夫忙来忙去,解决工作落实问题。舒曼也悄悄地帮助耿直的家人在医院里安排了工作,相互都为对方着想和考虑。

这样的夫妻,相互为对方付出,而且又是以对方的需求为前提的付出,付出就很容易被对方收到,久而久之,双方的内心就会储存很多对彼此的感恩。在这对夫妻的爱情当中,因为增加了更多的恩情,这样的感情就会越来越牢固,也越来越幸福。

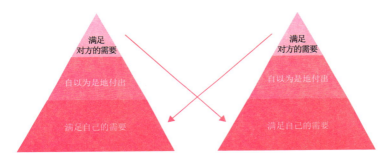

相互满足对方的需要

所以，想要真爱吗？想成为爱的能力高的人吗？那就经常体察对方需要什么并满足对方吧，同时也不要忘了，经常告诉对方，你希望什么、喜欢什么、想要什么，也为对方如何爱你指明方向。

第二部分

～～～～～～～～～

管好情绪享受爱：

情绪管理

～～～～～～～～～

第三章
管理不了情绪，挽救不了婚姻

做婚恋咨询和培训工作的这些年，我们常遇到因为老公有外遇来求助的女人，她们当中有一些人是这样处理这件事情的：

她们很愤怒，觉得老公不负责，辜负了自己。有的跟老公吵架，有的去找老公父母告状，有的去老公单位找他领导为自己做主，有的去找老公的外遇对象发泄情绪。

所有的方法都试过了，但都没有效果，最后来到我们这里。

根据我的经验，老公有了外遇，不是没有可能挽回的，尤其是还有一定感情基础的，可能性就更大了，但像这样四处去闹、广而告之的，概率就变低了。

受社会文化等因素的影响，男人比较爱面子，女人知道老公有外遇后，如果希望挽救婚姻的话，最好能够先适当管理自己的情绪，不扩大知道这件事情的人的范围，更不到单位去闹。

因为知道的人越多，男人面子上越过不去，当他颜面扫地的时候，他可能会迁怒于女人，这也许就切断了最后的情感连接。更有可能的是，他为了保护自己在社会上和单位的脸面，也为了能够获得众多亲戚朋友、同事领导的支持，他会告诉大家他的老婆是如何不善解人意、无理取闹。

而女人到处闹的行为，是他言论最好的证据。结果，女人闹完之后，舆论可能会同情男人。他的离开，就合情又合理了。

即便是女人闹完后，他处于各种压力下，离开外遇对象、回归家庭了，可能也没有多少感情了。如果回来的是一个感情上已经把自己封闭起来的男人，后边的路走起来也是很艰难的。

所以，当女人知道老公有了外遇，还希望挽回的话，最好先不要去闹。然后，好好思考一下两人之间出现了什么问题。

男人有外遇，如果从道德的角度来看，当然是不应该的，但如果从心理的角度来看，可能是这个男人的心理存在一定的问题：

比如存在一定的自恋问题，总渴望通过征服更多女人来证明自己的魅力，这也意味着不能把女人当成独立完整的人来看待，考虑不到女人的感受是什么，只是满足需求的工具而已；

再比如内心深处有某种无法承受的痛苦，需要类似热恋般的情感体验或强烈的性体验来逃避内心的痛苦；

再比如不能把性和爱整合到一起，一旦爱上一个女人就会慢慢对这个女人失去兴趣，而有兴趣的女人只能是那些没有感情的女人，等等。

但也可能是夫妻之间出现了问题，比如缺少沟通，经常吵架，男人觉得在家不被认可、情感上不被关心，性生活不顺利等。

在出轨这件事情上，不管出轨的是男人还是女人，很常见的是出轨一方的问题与夫妻间出现问题的相互作用产生的。

有时并不是婚外恋导致婚姻出问题

婚姻出问题 ⟶ 婚外恋

而是婚姻出问题导致婚外恋

应该说，不管出轨一方原本问题有多大，夫妻之间出现问题之后，出轨的概率都被增大了。

只是，关于出轨者本身存在的问题，另一方在短时间内很难去解决这些问题，因为这些深层的心理问题往往需要借助专业的心理咨询才能解决，但关于夫妻间存在的问题，是可以快速地做些调整并见到效果的。这也是为什么有些情感可以快速挽回，而有些却不能的原因之一。

无论怎样，遇到老公出轨的情况，女人如果想要借助外力挽回的话，最好去寻求婚姻专家的帮助，先是疏导自己心中的情绪，然后快速地找出夫妻之间出现了什么问题，并对症下药，做出一些适当的调整，老公回来的概率一定会更高些。（对于那些并没有任何一方出轨，只是因为生活中的矛盾、冲突、争吵等，爱人就提出分手或离婚的，如果想要借助外力挽回和修复，最好也先这样处理。）

老公和外遇对象，也是一对"爱人"，他们也会像夫妻一样，待在一起时间久了也会出现问题。当两人出现了问题，而如果此时男人和老婆之间的问题刚好又变少了，那么可想而知，男人回来的概率自然更高。

即便女人想跟老公挑明这件事情，也最好就把范围控制在两人之间，可以给老公一段时间，让他好好思考自己到底要什么。

这段时间，女人应照样过好自己的日子，让老公感觉到女人离开他还是可以过得很好的。

通常这样处理，让男人在老婆和外遇之间做出选择，老婆成功的概率还是较高的。我接触过的男人出轨的案例中，有很多男人一开始并没有想过要结束婚姻，反而是因为出轨的事情之后双方发生的巨大冲突或闹得沸沸扬扬之后男人觉得颜面扫地，促使他们下定决心要结束婚姻。

会输给另一个女人的，常常是到处去闹，甚至把老公赶出家门的女人。老公在她这里感受到的是愤怒和羞耻，但在另一个女人那里感受到的是温柔和理解，他的心会更容易偏向哪里就显而易见了。

女人如果此时管理不好自己的情绪，任凭自己的情绪四处宣泄，往往会亲手把老公一步步地推向对方，在这场战争中彻底输掉。

一个管理不好情绪的女人难以战胜情敌，一个管理不好情绪的人也难以让别人感受到爱。他们常常心中是爱对方的，却因需要发泄情绪说一些很伤人的话，或做一些情绪化的事情，别人感受到的是被攻击，这样的人很难获得幸福。

容易起情绪显然是不利于经营感情的，想要拥有甜蜜的爱情和幸福的婚姻，首先就需要提升自己情绪管理的能力。

在感情的经营中，稳定的情绪状态是非常重要的，也就是不会轻易地攻击对方、冷战、情绪低落，等等。

这样才可以让对方在亲密关系里放松地做自己，甚至发展自己。

从心理学的角度看，人的一生都在成长与发展，不但能力会持续得到提升，内心也会逐渐变得强大，等等。但这往往需要一个前提条件，就是稳定而滋养的环境。在这样的环境里，人内心没有发展好的部分会再次启动发育过程，慢慢变得完整、强大。

通常而言，人们想要获得这样的环境有两个途径，一个是寻求专业的心理咨询，另一个就是拥有一份幸福而持久的亲密关系。

很多人在亲密关系稳定之后会退行变得像孩子一样，在内心就是觉得环境稳定了，想要回到儿时心理发展受阻的阶段，获得重新的发展。

并且一个人在爱上另一个人时，也通常在潜意识里是有这样的动机的，即对方可以帮助他获得再次发展的机会，变得更加完整、圆融。

就像种子遇到合适的环境会发芽一样，人的内心遇到合适的环境也会重新发展。所有的种子都会用尽一切办法来寻求适合自己生长的环境，这股力量很强大。人也一样，爱上一个人时的力量那么强大，这之中要选择优秀的基因进行繁衍是一股力量，让自己变得完整也是其中一股重要的力量。

只不过，如果后续的亲密关系里可以允许、接纳他的这个过程，他就会获得新的发展，但如果后续的亲密关系里是不被允许、不被接纳的，这个新的发展就不会开始。如果再被批评、指责、打击，甚至抛弃，就不但是不会发展了，而是会被再次伤害。

而能够提供这种稳定而滋养的环境的爱人，一定要是一个情绪非常稳定的人，需要具有很好的情绪管理能力。

不过，情绪管理并不是控制情绪，情绪管理和情绪控制是有很大的区别的：

方法	相同	区别
控制情绪	看起来平和	起了情绪压下去，情绪还在
管理情绪	看起来平和	根本就不起情绪，或通过管理使以后少起情绪

控制情绪是当有了情绪后把它强压在心里，不去表达，也不释放，也就是我们常说的"忍"。但"忍"字头上一把刀，

忍久了，要么伤害自己，身体生病，或心理出问题；要么，积累到一定的程度受不了，爆发，对关系的伤害更大。

情绪管理的目标是使自己少起或不起情绪，整个人更加平和，更多的时候处于一种平静的状态，不情绪化，也不压抑。

简单来说，情绪控制得好的人并不一定是内心强大，还可能是委曲求全或压抑，内心感受是不好的，或者虽然感受不到情绪但其实情绪还在潜意识里，只是被隔离起来了，变得麻木而已；而情绪管理能力好的人，是内心强大的人，根本就不容易起那么多不必要的情绪。情绪管理的过程，也是一个让自己内心变得更强大的过程。

管理好情绪，爱才不会变伤害

网上流传过一篇据说是某著名心理作家写的文章，题目叫《孩子，我为什么打你》。文章对一个母亲打孩子时的内心情感描写得极其细腻，文章的最后一句话是："孩子，打与不打都是爱，你可懂得？"

对于这篇文章，网上批评的居多，有网友发出这样的评价："此文有毒，请小心！"

也有心理专家评论说："变态杀手都有类似逻辑：杀你虐待你只因太爱你。所以，此文是变态逻辑。"

有人甚至质疑这篇文章是否真的出自这位著名心理作家之手，对此，我没有去考证。但多年的工作中接触的诸多个案，让我深深地意识到，无论出于什么样的理由，对孩子施暴都可能会对孩子造成不良心理影响，不少人成年后出现的严重的心理问题是与儿时被父母施暴有关的。

这个道理很多家长不是不知道，而是知道的，为什么做不到呢？

因为情绪失控。

很多家长在打孩子时，想的并不是爱，而可能是什么都没想，因为他们已经被情绪控制了，打孩子是因为需要通过打孩子来释放自己的情绪。这才是很多家长打孩子的真正理由。至于打孩子是因为爱孩子，多是意识上对自己失控行为的合理化，很可能他们自己都没有意识到他们实际上是在释放情绪。

一些人往往理性上知道如何做才能达成自己想要的目标。但遇到事情的时候，因为处理不了因这件事情而激起的强烈的情绪，被情绪驱使着，眼睁睁地看着自己把事情做成自己不希望的状态。根本问题还是缺少管理负面情绪的能力。

这样的人管理不了自己的情绪，往往不只是在对孩子施暴上，也不只是在遭遇爱人有外遇时难以挽救婚姻，而是会因为一些小事就把自己的生活搞得一团糟。

比如：

因为教育孩子的理念不同、家务分工上的分歧、个人生活习惯上的差异等问题，导致伤害式吵架，进而引发负面情绪强烈爆发，就有可能产生婚姻危机一发而不可收拾，直至离婚。

还比如有的人在恋爱中总是跟对方闹，明明知道自己这样对恋爱关系的顺利发展不利，但事到临头就是控制不住，过后又后悔。一次又一次，最后对方实在受不了，就只能选择离开了。

情绪管理能力低的人，有时候的确可以称赞他们中的一些人是"真性情"，敢爱敢恨。但更多的时候，他们即便心中有爱，却因需要发泄情绪而常常伤害他人，难以真正地与别人建立长久的亲密关系。

缺乏情绪管理的能力不利于经营情感，也不利于对子女的教育。人们要不断地提升自己情绪管理的能力，才能享受幸福美满的婚姻家庭生活。

情绪的基本功能：提示和驱动

我曾经看过一个新闻，一个男人开车行驶在上班的路上，忽然发现右边的马路上走着一个身材超好的美女，他盯着美女的背影想看清她的长相，结果走到十字路口时没有看见红灯，撞上了正在横着通过的公交车。

红绿灯的作用是提示行人和车辆停或行，像是提示器，人们开车不看红绿灯的提示就可能会撞车。而情绪对于人类的作用，有时像红绿灯对于行人和司机的作用，它像是人类行为的信号灯、提示器。有时又像是人们内心的发动机，会驱动着人们去行动。所有的情绪都在提示人们、驱动人们，促使人们做出潜意识认为的最有利于自己的行为。

比如：

后悔是提示人们在过去的那个事情中我们做得不够好！

担心是提示人们未雨绸缪！

恶心是提示人们眼前的事物对我们可能是有害的！

愤怒驱使人们去攻击！

内疚驱使人们去弥补被自己伤害的人！

恐惧驱使人们远离危险！

伤心是提示人们有重要的丧失，并驱动人们珍惜所有！

从本质上来看，每种情绪对于人类，都有其独特的作用，并各不相同。有的情绪起保护的作用，比如恐惧、厌恶；有的情绪让人反思，比如后悔、自责；有的情绪，促使人们未雨绸缪，比如担心、焦虑；有的情绪让人进入安静、储备能量，比如失落、挫败；有的情绪让人想去攻击，比如愤怒、生气等。

进化赋予人类情绪的功能，使人类可以更好地适应生存环境，很明显，人类适应得很好，也说明人类的情绪功能是良好有效的。

人会起情绪是正常而且必需的，人类因情绪而适应良好，也因情绪而使生活丰富多彩。没有情绪的人是没有感情的，没有情绪的人也感受不到生命的意义与乐趣。

人类的一些情绪反应是从祖先那里遗传下来的，是进化的结果，比如诸多人天生就对蛇、蝙蝠、蜈蚣等毒物有所恐惧，使得人们可以远离这些毒物，得以自我保护。

小孩由于对于陌生环境的害怕，使得他们不敢离开父母，这样可以一直得到父母的保护和照顾。试想在原始社会，一个刚会走路的孩子独自走出家门进入原始森林，会是什么结果？

但人类会起情绪的情景，并不全都是从祖先那里遗传来的，而是成长过程中经历过的创伤情景，会成为以后起情绪的重要原因。

比如：

一个小男孩在池塘边上玩耍的时候掉进了池塘差点淹死，他就可能会对水产生恐惧。以后再看见池塘、河流、湖泊的时候，他就会尽量不靠近，更不敢轻易下水。哪怕他长大之后，若不经过刻意的锻炼或疗愈，这种恐惧可能还会一直存在，伴其一生。并且这件事情发生得越早，给他带来的恐惧越大，对他情绪功能和整体人格的健康发展影响也越大。

他的潜意识通过一次事件，就学会了保护他，避免再次发生掉进水里的情况。

这就是潜意识了不起的地方，它会自动学习，把人们遇到的可能会受伤害的情景，统统记录下来。以后遇到类似场景，潜意识就会及时用情绪来提示或驱动人们保护自己。

如果没有了情绪，人们不会从危险中学会保护自己，也不会提前计划预防危险，而是会一次次把自己置身于危险之中，威胁到自己的生命。

还比如：

一个孩子有需要时总是不能得到满足，他会非常痛苦，如果这种痛苦他无法承受，他就可能会尽量避免对大人的需要，成为一个能够自己满足自己的人。

这样就避免了他再次承受那种无法承受的痛苦，这是一个保护机制，但这也会严重影响他的人格的健康发展，他长大后可能会成为一个严重自恋的人，总觉得自己非常了不起，根本不需要他人的帮助。这还可能让他成为一个与人关系疏远的人，难以建立亲密关系，甚至难以建立普通的人际关系。

再比如：

一个人深深地爱上了另一个人，对其百分百地信任和无条件地付出。有一天他所爱的人离他而去，他可能会非常地伤心和绝望，甚至很长一段时间都不能从这种极度痛苦的情绪中走出来。

如果每次爱情最后受的伤都足够深，感受也足够痛苦，有过几次这样的经历后，他以后可能就不会再轻易爱上并信任另一个人，在感情关系里也不会再轻易付出了。

潜意识通过这样的方式建立厚厚的防火墙来保护人们，避免人们再次受到伤害。但这也是人们会出现心理问题的原因，因为过去经历过一些危险、入侵或需要未被满足，即便环境和人已经改变，可能完全不再需要潜意识那么细致和精心的保护，但潜意识还是会用保护那时的人们的方式来保护人们。

这是最大限度地保护，也是人们会有心理疾病的重要原因。避免了痛苦再现，但对于有些人而言，也打断了人格的健康发展或情绪发展成熟的过程。

可以说如果没有了情绪，我们是无法生活在这个世界上的，就像没有信号灯指挥的车辆一样，会乱七八糟地在马路上横冲直撞。那样的话，车就不仅仅是交通工具了，而是一个个冷血的马路杀手。没有情绪的人也不再是人，而是一个个机器般的行尸走肉，更无法在这个世界上健康而幸福地生活。

在不伤害人的前提下：遵循心的指引

情绪是潜意识对我们的提示和驱动，不同的情绪就像不同的信号，告诉我们发生了什么，以及接下来该做什么。

一般情况下，如果我们能够明白情绪在提示我们什么，并遵循心的指引有所思考或行动，情绪的作用就完成了。

拿"焦虑"这个情绪来举个例子。

"焦虑"是潜意识在提示人们，如果现在不做一些准备和努力，未来可能会有一件糟糕的事情发生，或者无法突破眼前的现状，焦虑的存在是提示或驱动人们现在需要做些努力，来突破现状或为未来未雨绸缪的。

比如：

一个未婚男人，没有房子，当下的房价也无力承受，而女朋友又不愿意跟他"裸婚"，他就可能会有"焦虑"这个情绪！

这是他的潜意识在提示或驱动他：要针对女朋友不愿意"裸婚"采取一些行动了。或再多挣一份工资，或向亲戚朋友借点，或赶快趁房价有一些下调时，出手贷款买一套小户型的，或在别的地方给女朋友安全感。

如果他对焦虑的提示和驱动不理不睬，并没有什么具体的行动和思考来应对"焦虑"，焦虑就不会消失，并可能加大提示和驱动的力度。他只会一直陷在"焦虑"这个情绪中，无法摆脱。

如果他遵循焦虑的提示和驱动，积极去想办法，或多挣点钱，或想办法提升女朋友对未来的安全感，等这些事情做完了，焦虑就会消失。

这就是情绪的特点，如果我们能懂得潜意识通过情绪在提示我们什么或向什么方向驱动我们，并遵循情绪的指引去行动或思考，它就会完成任务，然后消失。

一个人的情绪管理能力的高低、情商的高低，甚至幸福指数的高低，都跟自己能不能够懂得情绪的提示是有关系的，越是能够懂得情绪在提示自己什么的，越是那些情绪管理能力高的人、情商高的人，他们也更加容易获得幸福。

并且，如果我们不能明白情绪在提示或驱动我们什么，情绪就会一直提示或驱动我们，还会不断地加大提示或驱动你的力度，因为我们没有让它们完成任务。就像提示你靠边停车的交警手里的"停"字牌，如果你不停车，交警就会把它挥得更厉害，甚至会把它横在你的车前。也像是在你身后有个人在推着你向前走，如果你不走，他会使出更大的力量来推动你。

根据情绪的提示去行动，顺着情绪的驱动去做事情，就是人们常说的"遵循心的指引"。能够遵循心的指引的人，往往也就是在"做自己"的人，他们根据心的指引，去追求自己想要的一切，他们的生活也往往会更加美好。

比如：

通过恐惧，让自己远离危险。

通过担心，知道自己当下做什么未来就会更好。

通过后悔，向过去学习，知道可以怎么避免发生类似的事情，因而更加智慧。

通过失落，开始反思，在下一次如何做会更好。

通过害羞，知道自己并不完美，进而完善自己。

他们一直感受着自己的内心，内心有任何的提示都会用心去觉察，并细心对待。他们呵护自己的心，他们的心也就更能把他们的人生呵护得更好。

应该说，只要不会伤害到他人和自己，人们就需要遵循心的指引做事，这样才会幸福快乐。

小练习：

1．觉察到自己有情绪时，问自己，它在提示自己什么？

2．如果自己按照情绪的指引，会伤害人吗？包括伤害自己。

3．如果不会伤害人，那就去做情绪指引的事情。

083

例如：

一个女人去相亲，对方的言行令她很反感。

1．她觉察到自己很烦，问自己这个情绪在提示自己什么。

心烦是不喜欢相亲对象导致的，情绪提示自己要离开他。

2．如果离开会伤害人吗，包括伤害自己？

相亲的时候不喜欢就离开，只要语言委婉些，或者不是刚见面就走，一般不会伤害人，更不会伤害自己，反而是继续下去会令自己更难受。

3．既然一般不会伤害人，于是选择礼貌地离开。

至此就完成了一次跟随心的指引的行动。

一个人做事，在不会伤害他人和自己的情况下，跟随心的指引，就不会让自己压抑，不会委屈自己。这不但会让一个人活得洒脱自在，更是一个人爱自己的体现。

心是最好的引路者，懂得人的所有需求。只要心指引的方向没有问题，跟着心走，总能走到幸福的路上。

而那些不能遵循心的指引去做事情的人，有的是听不到内心的声音，因为也许在很小的时候，就因为内心太痛苦而隔绝了与内心的联系，所以，他们往往也不知道自己要做什么，做什么事往往都要问别人自己该怎么办。实际上人做事的标准，在不会伤害人的前提下，通常是自己内心的声音。

　　这样的人，先要做的是打破那些阻断内心声音的隔离层连接上自己的内心，这些隔离层通常是巨大的恐惧和羞耻感。因此，面对起来也会特别的痛苦，如果自己承受不了，可以借助专业人士的帮助。

　　而还有些人是可以听到内心声音的，只是内心声音太多，实在不知道该听哪个，所以，他们经常会选择困难，很难做出决定，或者今天做出了一个决定，明天又马上后悔了。一些人在情感关系里的犹犹豫豫，导致自己错失良机或在一段不适合的关系中出不来，往往是出于这样的原因。

　　这些内心的声音，往往是需要面对的压力，比如：万一失败需要承受的挫败感，被人拒绝会产生的羞耻感，结束关系所带来的痛苦，等等。

　　如果一个人这些情绪太强烈，就会与内心的真实需要之间产生冲突，陷入矛盾与焦虑之中。

　　很多人的拖延，也与此有关，因为不去行动就不用承受这些可能产生的压力与痛苦。

　　这样的人，想要听从内心的指引，是需要去面对那些压力与痛苦的，当这些都被克服了，内心真正的声音才会被听到。

需要被管理的情绪：伤害人

情绪是潜意识对人的提示和驱动，是心对人的指引。如果有人心太麻木，他们的情绪在该提示的时候不进行提示，这个人就无法更好地适应生活，他会遇到一大堆的麻烦。

比如：

一个人没有恐惧，在面对危险的时候，他不会恐惧，就总是处于危险场景下，更容易失去生命；

一个人不会后悔，他就不会从过去经历过的事情中学习，就不能从自己的生命经验里得到智慧；

一个人不会担心，他就不会提前对未来做出安排，做事就没有前瞻性，总是事到临头了才开始去处理。

一个人的潜意识不会提示，就像坏了的红绿灯，失去了驱动力的船，无法到达目的地；但是，情绪如果过多地提示，或者提示的力度过大，反而也会影响人们享受幸福生活。

拿"担心"来做例子，一个人的潜意识，如果总是在提示一些实际发生概率很小的事情，这个人也就会长期处于负面情绪当中。

比如：

总是担心食物是不是不卫生；

总是担心别人是不是会看不起自己；

总是担心爱人是不是会喜欢上别人……

我们可能会说这样的人疑心太重，整天疑神疑鬼的。是的，这就是因为潜意识对人的保护是最大程度的，即人们已经成年，但潜意识还像人们在儿时一样提供保护，这避免了痛苦再现，但也会给人带来很多的麻烦，使其难以幸福。

恐惧症、焦虑症、强迫症等一些心理疾病，本质上都是潜意识的提示过多了。这样的人长期生活在各种痛苦的情绪当中，也是被情绪控制着，感受不到幸福的。

一般情况下，人们只是遵循情绪的指引去做事情就可以了，因为情绪就是心对自己的指引。但当遵循情绪的指引会伤害别人或自己时，人们就需要管理情绪了。

就像十字路口的红绿灯，一般人们是要遵循它的指引去走，但如果哪天你发现四面都是红灯并且一直不再变成绿灯时，就需要修理红绿灯，而不是遵循它的指引了。

所以，我们要对情绪进行管理，也要调整自己，让潜意识处于一种不太麻木也不太敏感的状态，更要通过情绪懂得潜意识在提示我们什么，这样就可以更好地跟随心的指引来生活，让自己的生活更加幸福，而不会成为情绪的奴隶。

需要注意的是，当人有负面情绪的时候，吃东西、购物、喝酒、打游戏、赌博、发生性行为等可以快速转换情绪，让自己从负面情绪中跳出来，但这不是情绪管理，而是逃避了负面情绪。当人静下来的时候，之前逃避的情绪又会出来。

也因此，一些人总是静不下来或闲不下来，总是需要到人多的地方，或需要找些事情做做。

后边我们会探讨情绪管理的方法，按照书中介绍的方法进行练习，你的情绪管理能力就可以得到提升，很多人的经历已经证实这点，他们的情绪管理能力提升以后，自己更加幸福了。也希望你能通过对自己情绪管理能力的提升，真正做情绪的主人，享受到爱情生活的美好，使自己的人生更加幸福完美。

情绪并不都因看法而产生

曾经，在某卫视播出的一档节目中，已转型为主持人的某情感专家，与节目中的几位嘉宾一起探讨相亲中遇到的问题时，了解到现场不少人对有小孩的离婚异性有排斥心理以后，连称受伤，并大呼："给我这样'三婚'的男人一点人生的温暖。"此话一出，网上一片哗然。

有人在网上留下 的表情，说："怪不得他参与的相亲节目成功率低，原来自己情感本身就有问题。"

有人留下 👍 的手势符号，说："也许就是因为他有多段情感经历，有丰富的实战经验，所以才成为情感专家。"

还有人说："这不一定是真的，也许只是炒作 。"

说这位情感专家自己情感本身就有问题的人，可能会对他有排斥的负面情绪；说他有丰富的经验所以才成为专家的人，可能会对他有钦佩的正向情绪。至于他是真的"三婚"还是只是一句玩笑话？还是炒作？我们不知道，但听到这句话，为什么不同的人却有不同的情绪感受？

用美国著名心理学家艾利斯的情绪 ABC 理论来解释，并不是这位情感专家说的这句话引起了人们的情绪反应，而是人们对这件事情所持有的信念、看法、解释，导致了自己内在的情绪体验，更促使他们说了这些话。

情绪　ABC理论

这个理论中，A（activating event）表示诱发性事件；B（beliefs）表示个体针对此诱发性事件产生的一些信念，即对这件事的一些看法、解释；C（consequences）表示因为前面两者的作用而产生的结果，即情绪。

艾利斯认为：不同的人针对同样一件事会引起不同的情

089

绪体验，是因为 B 这个中介的不同而导致的。

根据艾利斯的理论，改变认知就可以改变情绪和行为。比如：改变人们对于"情感专家"能不能离婚的看法，就可以改变人们对于这位情感专家"三婚"的情绪体验和网上留言的内容。艾利斯本人也因此被一些人称为"认知行为疗法之父"。

自 1955 年艾利斯提出情绪 ABC（合理情绪疗法），在过去的近半个世纪以来，在心理学界的情绪理论上，情绪 ABC 理论一直占据着主导位置。直到纽约大学神经科学研究中心的神经科学家约瑟夫·勒杜克斯发现了杏仁核在情绪脑神经中的关键作用之后，这个局面才被打破。

在这个发现之前，神经医学界认为感觉器官先将信息传到丘脑，转为脑的语言，再传到大脑皮层的感觉处理区，形成认知和意义，再传到杏仁核，决定如何反应，再通知其他脑区和全身。

事实上某些情况确实如此，比如当我们觉得某人不应该做某件事而那人却做了时，我们可能会生气，这里的"应该或不应该"是由大脑皮层负责判断的，也就是价值判断。这意味着，杏仁核应该是依靠来自大脑皮层的指令来决定情绪反应的。

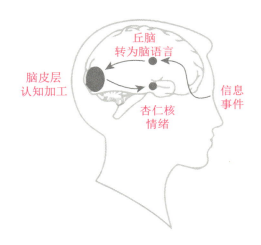

丘脑
转为脑语言

脑皮层
认知加工

杏仁核
情绪

信息
事件

一般认为的信息加工流程

但是，行走在原始森林里的祖先们，在看到一个像是老虎的动物影子时，是要先把这个信号通过丘脑传到大脑视觉皮层，确定是不是真的老虎，然后再传递信号给杏仁核，产生恐惧的情绪，进而逃跑？还是先产生恐惧的情绪，跑了再说，会更能保护自己呢？

想想你走在大街上，忽然有人从后边拍了你一下，你被惊吓的情绪是经过大脑的认知加工之后产生的，还是没有经过任何思考的本能反应呢？毫无疑问，是本能反应，无须大脑加工。

情绪 ABC 理论在这里不适用了。被人从背后拍了一下，人们在第一时间产生的情绪，没有经过 B 的加工，没有信念、看法、解释，人们会直接产生惊吓的情绪。看到老虎影子的祖先，他们的恐惧也不是经过 B 的加工而产生的，而是第一反应。出于本能，不自觉地就呼吸加快、血液流动加速，启动快速逃跑机制。在这里，诱发事件 A，直接导致了情绪体验 C。

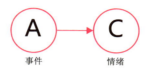

勒杜克斯革命性地发现，除了我们已经知道的丘脑到大脑皮层的神经元，丘脑还有直达杏仁核的一小缕神经元。

在遇到感觉刺激时，丘脑在把感觉信号信息传到大脑皮层评估和分析的同时，会把与情绪有关的少部分原始信号以更快的速度，像抄小路似的直接传到杏仁核。杏仁核抢先于大脑皮层的处理过程，激发出情绪反应与相应的行为反应方式。

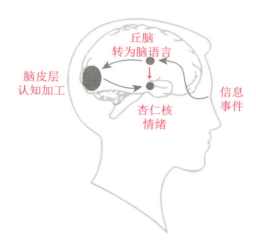

　　这就说明，情绪有两种：一种是经过脑皮层加工后产生的，本书中我们称之为"理性的情绪"；另一种是未经脑皮层加工，直接从丘脑传递信息到达杏仁核而产生的情绪，这种情绪几乎是本能的反应，本书中我们称之为"本能的情绪"。

　　"本能的情绪"由于未通过大脑皮层加工，由感觉器官感知到信息，到杏仁核开始反应，产生情绪，速度快于理性的情绪。对老鼠的研究发现，老鼠本能的情绪在12毫秒发生，而丘脑到脑皮层，再到杏仁核的通道反应时间是前者的两倍。尽管还没有对人类研究的数据，但两者反应的时间差异大体应该是类似的。

　　当然，"本能的情绪"和"理性的情绪"两种情绪的神经通道，在情绪发生时并非是单独起作用，而是会并行工作，只是本能的要快于理性的。

　　比如你在演讲，有人忽然向你扔来一只鞋，你的第一反应可能是紧张、害怕、羞耻，第一时间躲开，这是"本能的情绪"以及相应的行为；之后你脑子里的理性情绪通道开始起作用，心想：即便我讲得不好，你也不能扔鞋啊？这是脑皮层在对对方的行为进行评价，经过了这样的评价、看法的加工，你心中就可能会有怒火，这愤怒的情绪就属于"理性的情绪"。

　　理性的情绪和本能的情绪有时是循环着相互作用的，即便都是在演讲时被人扔鞋子，即便都是在看法上觉得对方"不应该"，每个人的内心脆弱程度不一样，经过理性加工后，每个人的情绪也是不一样的。

内心脆弱的人容易产生羞耻感，可能会恼羞成怒，羞和怒的情绪更容易强化理性上觉得对方不应该的信念。内心相对强大的人，则更容易原谅对方。

第四章

觉察：情绪管理的基本功

在电视剧《李小龙传奇》里，李小龙拜叶问为师，向叶问学习咏春拳，但叶问每天给李小龙布置的练习任务，却是扎马步，也称站桩。李小龙很有情绪，不明白师父为什么要这么做。叶问跟他说了这样一句话："练武不练功，到老一场空。"

情绪管理作为一种重要的能力，跟练习武术一样，光是看书，只能知道，但做不到。想要做到，需要像练习武术一样，从基本功练起，没有练好基本功，后边的方法即便知道，情绪上来时也做不到。

基本功是功夫的基础，练习武术的人，都要从马步开始练起，马步都扎不好的人，就是学习了再多的武术套路，轮到实战时，也是难以战胜对方的。

我儿时曾经跟随一位少林寺还俗的僧人学习过半年武术，前两个月天天都是在扎马步，等马步可以连续扎几十分钟后，师父才开始教一些简单的武术套路。

觉察是情绪管理的基本功，对于常被情绪控制的人而言，要想对情绪进行管理，关键在于能不能在起情绪的一刹那意识到情绪的产生，有没有觉察到自己内心的感受开始发生变化。只有时刻觉察着自己内心的人，才能在第一时间里意识到情绪的变化。

觉察就是意识到自己起了情绪。就像看到了情绪一样，可以看到自己的情绪起来又下去的整个过程。

小练习：

看完这段文字，你可以试着闭上眼睛，做两个深呼吸，回忆一件曾经让你觉得很气愤的事情，然后察觉自己的情绪。

你是否能感受到气愤这个情绪是如何慢慢起来的？

如果这是在事情发生的当时，你能觉察到你有情绪了，就有机会管理这个情绪，做情绪的主人。如果觉察不到，就有可能被这个情绪控制着，情绪是你的主宰者。比如有些人会被情绪驱使做出一些令自己后悔的事情，而在事情发生后才意识到自己做了什么。

诸多负面的情绪，犹如一些潜藏在人内心里的恶魔，它们时常跟人争夺对人的控制权，如果人没有觉察情绪的能力，就有可能经常被这些"恶魔"控制。很多做了情绪化事情的人，事后都常说这类的话："我并不想那样做的，但我控制不了自己。""我当时脑子里一片空白，根本不知道自己在做什么！"有些人事后甚至会恨自己。

人们需要战胜心中的恶魔，管理好自己的情绪，做自己的主人，就需要带着觉察去生活，这需要刻意地练习，才能做到或做得更好。

现在你可以做几个深呼吸，吸气的时候把气吸到小腹，你是否能感觉到情绪会慢慢减弱？

下面是一个非常有效的提升情绪觉察能力的练习方法，做完这个练习将会大幅提高一个人的情绪觉察能力，在情绪起来的第一时间就能觉察到，使情绪管理成为可能。

快速提升觉察力的练习方法

情绪作为我们人类心理的重要功能，是时刻都存在的，只不过大多数时候我们的情绪是平静的，这时我们好像没有什么感觉。

其实不是没有感觉，而是感觉到了平静，平静也是一种感觉。就像水的温度，零度也是温度，那些负面的情绪像是零下的温度，正面的情绪像是零上的温度，平静像是零度，零度的水不是没有温度，平静也不是没有感觉，是一种非常舒服的感觉，并且是我们多数时候的感觉，说明你整个人处于一种和谐的状态当中，潜意识不需要提示你什么。

情绪会随着生活中发生的各种事情起伏，可是有的人能够时刻觉察到自己的情绪，有的人觉察不到，觉察不到的人就容易被情绪控制着做些情绪化的事情，也就是受情绪的支配做些事情。人在被情绪支配的时候所做的事情，基本都是为了快速地宣泄情绪而做的事情，当然也就想不起来要做情绪管理。

想要提升觉察的能力，你可以找个小本子和一支笔，随身带着，或者用手机也可以，一旦觉察到内心有了情绪，情绪上不再平静时，随时随地记录下来，格式是这样的：

例如：

时间：　地点：　事件：　人物：　情绪：　分值：
1. 早上8:50　地铁上　上班路上　自己　有点着急　-2
2. _____
3. _____

4. _____

5. _____

6. _____

7. _____

8. _____

9. _____

10. _____

在填写"分值"一栏时需要注意：

正面的情绪（如开心、高兴等）打正分：最低分 1 分，最高分 10 分；

负面的情绪（伤心、委屈等）打负分：最低分 -1 分，最高分 -10 分；0 分代表平静。

这是一个简单的练习，却有着很明显的效果，坚持随时记录自己的情绪三周以上，你就会感觉到自己的觉察能力与之前有很大不同。

实际操作中，经常会出现有情绪时没有意识到，而想起来时情绪已经过去了的情况，这时记下来也是可以的。这样记录一段时间，慢慢就会在情绪起来的同时有所觉察，觉察的能力依然会提升。这也是一个由后知后觉到当知当觉的过程。

一张图看清自己的情绪模式

如果你已经做了三周以上的情绪记录，你就可以做下面这个练习了。

1. 在纸上画一个坐标图，横轴代表时间，以天为最小单位，纵轴代表情绪的分数，以 1 分为基本单位；

2. 把每天记录的正面情绪最大分值和负面情绪最大分值分别标在相应坐标位置，然后用曲线连接起来。

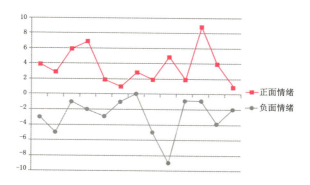

情绪波动曲线图

绘制完成后，你就可以得到一张自己的情绪波动曲线图，好比是股票的 K 线图一样，这能帮助你非常直观地看到自己这段时期的情绪反应状态，使你更加了解自己。

如果人们想知道自己心脏是不是出了问题，会去做心电图，如果人们想知道大脑的健康状况，也可能会去做脑电图。同样的道理，如果你想知道自己的情绪反应状态，你其实需要这样的情绪波动曲线图。

有些人在绘完这张图之后，内心产生了很大震撼，他们从未如此清晰地看到过自己的情绪反应模式，也从未意识到原来自己是经常被情绪控制着，而自己没有意识到。这张图的完成，让很多人开始下决心练习情绪管理，提升自己情绪管理的能力。

如果你已经完成了这张图，你可以看看自己情绪的最高值通常都是哪些。这就是你最容易起情绪的地方，也说明你常被这些情绪所困扰，反映了你内心最为敏感的一些特点。

你也可以观察一下记录中的"时间、地点、事件、人物"这几项内容有没有什么规律？

什么时间容易起情绪？比如是白天还是晚上？

什么地点容易起情绪？比如是家里还是单位？

哪一类事情容易让你起情绪？比如是被否定还是被忽视？

跟什么人容易起情绪？比如是男人还是女人？

而这些通常都是有规律的，掌握了这些规律，对于你理解自己和以后进行情绪管理都非常重要。

[第五章]

情绪管理方法一：保持客观

在每个人的身体内，仿佛都隐藏着一只非常原始和古老的动物。它非常敏感，一有对主人不利的外在因素，它马上可以感知到，并用情绪来提示或驱动主人。但它的听力、视力、感知力等又都不太清晰。所以，它会出错，常常把相似情景当成是危险情景。

当然，并没有一只这样的动物真的在我们身体内，这只是我们的情绪的脑（也叫原始脑）工作的特点。

正是这个原因，我们常常会起一些其实没有必要的情绪。

我们假定这是发生在你身上的一件事情：

一个周末的下午，你约一个新认识的异性朋友两点钟见面，你提议到一个你常去的咖啡馆见面，定好地点后，你把地址发到他（她）手机上了。

你是一个守时的人，在一点五十分就到了，足足提前了十分钟。

看到咖啡馆里没有你约的朋友，你找了个靠窗的位置坐了下来，点了一杯常喝的咖啡。

时间很快到了，他（她）还没有到，你心里有了一个对他（她）的看法：原来这是一个不太守时的人，居然迟到了。

时间已经过去五分钟了，他（她）还没有到，你心想，他（她）居然迟到了五分钟，这样好像有点不太礼貌，你有一点点小生气了。

十分钟后，他（她）还没有到，你压住心中的一点小气愤，拿起手机，给他（她）发了一条信息，问他（她）："到哪儿了？"

但并没有收到回复，你的气愤随着时间的推移在增加。

二十分钟后，他（她）还是没有到，也没有回信息，你拿起电话，准备给他（她）打个电话，拨完号码，你深呼吸了一下，并把手机放在耳边听着拨号音。

"对不起，您拨打的号码已关机！"手机里传来了这样的声音，你更加生气了，你觉得这个人简直不把你放在眼里。

三十分钟后电话依然打不通，你已经很生气了，心想：

103

做人怎么可以这样呢？即便是真遇到了事儿不能按时来，也要打个电话说一声啊！怎么还关机？

你越想越生气，觉得这样的人简直不可理喻，于是，你买完单，拿起手机，向外走去。

你生气了，这是潜意识在对你进行提示和驱动，那么，潜意识在提示你什么呢？

很明显，潜意识在提示你，有人居然不尊重你，你需要给这样的人一点教训，或远离这样的人。

但是，潜意识的工作方法是纯感性的，是很原始的，潜意识忽略了一个重要问题，这个人不尊重你只是你的一个假设，不一定是事实，事实有很多种可能，到目前为止，你还不知道到底发生了什么呢！

可你已经很生气了，这就是潜意识原始和非理性的地方。

多数人在和"假想敌"作战

这个人不尊重你，只是你编的一个故事而已，如果你很相信你编的这个故事，你就会很生气，甚至决定马上离开这个地方，再也不想见到这个人。或者气愤的情绪太强烈了，也可能会想要报复这个人，这个人在你心中就成了一个假想敌。

　　在这个例子中，如果你会越来越生气，是因为你认为他（她）就是不尊重你的，但这只是你的看法。在这个看法背后，更深层的原因是你脆弱的自尊心部分被触碰到了，这个部分越脆弱，或者说你这个部分的创伤越严重，就越可能只看到一种可能，越坚定不移地认为这就是事实。

　　实际的可能有很多种。

　　比如：

　　他（她）的手机在路上被盗了，小偷把手机关机了，而你的联系方式和咖啡馆的地址又都存在他（她）的手机里，所以，他（她）找不到地点，但又联系不上你；

　　他（她）临时有事赶过来晚了，恰巧手机又没电自动关机了，所以，找不到地点也联系不上你；

　　他（她）的手机上午坏了，需要把手机送去维修并尝试把里边的信息导出来，才能联系上你，或者找到咖啡馆；

　　等等。

　　可能有很多种，但内心的痛苦情绪会导致人们思维的宽度变窄，根本不会去想其他可能了，这也就是人们常说的被情绪控制。

　　并且，如果人们没有意识到这个假设的存在，假设很容易变成事实。比如在我们设想的事情里，因为你的假设，认为对方不尊重你，就可能也会从此不再尊重他。结果他看到你不再尊重他后，就可能真的开始不尊重你，假设就成为事实，这个过程在心理学里叫作投射性认同 ①。

如果一个人在更深层次里觉得自己不值得被尊重，并且对这个感觉没有觉察和认识，就可能会在与他人互动时，不自觉地把自己的感受投射给对方，认为是对方故意不尊重自己。导致这个特点的原因与成长过程中缺少被尊重、关爱、满足、认可等有关。

认为对方不尊重自己，然后也就不尊重对方了，是把这个想法投射给对方了，对方一旦认同，也不再尊重这个人，想法变成了事实，然后这个人再把这个事实认同回来，即别人果然是不尊重自己的，更加强化了之前内心的感觉。

这是一种宿命似的关系模式，原型是儿时与养育者的关系，深藏于很多人的内心深处，一旦和别人互动，很容易就会通过投射性认同的方式在与别人的关系里再现儿时的关系模式。

要想摆脱这种宿命似的关系模式，先是要对这样的模式有所觉察，才有可能跳出模式。这里我们说看到自己的假设，

---

① 投射性认同是精神分析的重要概念之一，最早由奥地利精神分析学家克莱因提出。在精神分析的客体关系理论里，投射性认同是一个诱导他人以一种限定的方式来作出反应的行为模式。有人将克莱因发现"投射性认同"对精神分析产生的影响类比为牛顿发现万有引力定律对物理学的影响，或者达尔文发现进化论对生物学的影响。

就是对模式有所觉察。

像这样因假设而起情绪的事情在我们的生活中很常见。

比如：

某女孩儿给男朋友打电话，男朋友没有接，她就很生气，认为男朋友不够在乎她。

某男孩儿看见自己的女朋友跟另一个男人有说有笑，关系很亲密，就非常生气，认为他们两个关系不一般。

某女人在夜间跟出差在外的老公通电话时，听到旁边有女人的声音，就非常气愤，认为老公外边有女人了。

某员工看到领导总是往自己的工位上看，就很紧张，认为领导在监视自己工作……

这样的例子可以有无数个。

而实际上，很多时候，人们并不知道事实是什么，就凭自己的一个假设，坚定地认为事实就是这样的，情绪也就随之而起。如果后来证实事实并非你想的那样，你会发现你被你的情绪欺骗了，你只是自然而然做出了一个非理性的假设。

当然，人们分析事物时，总是先假设，然后再验证假设，进而得到事物的真相的，这里的问题是，人们很多时候并没有验证自己的假设，就认为自己的假设是事实，进而会起情绪，把事情搞砸。

人们都会做假设，但往往一个人会做出什么样的假设，是和自己的心理特点及关系模式有关系的。

把男友是否在乎自己看得特别重的女孩儿，会容易在男友没有接电话时，假设男友不在乎自己。

对女友不相信，或对自己没有自信的男人，看到女友跟其他男人在一起时，会容易假设女友喜欢上别的男人了。

对老公不信任、对自己也没有自信的女人，会容易假设老公电话那边的女人声音，是来自老公的情人。

对自己不自信、特别在乎领导看法的员工，会容易假设领导总是在监视自己。

同样的事实，发生在不同人的生活中，人们做出的假设是不一样的，是因为每个人内心的脆弱部分不同，对事物的感受和想法也不相同。会让人做出错误假设的，通常是受内心的脆弱部分的影响，比如心中的恐惧和痛苦等。

很多心理测试都是运用这个原理进行的，比如墨迹测试。摆在被试者面前的就是一摊随意弄成的墨迹，不同的人却看到不同的东西。

有的人看到蝴蝶，有的人看到蝙蝠，有的人看到内脏，有的人看到魔鬼。其实，那什么也不是，就是一团墨迹，本身没有任何意义，人们看到的都是自己的假设，或叫内心的投射。由于人们的假设往往和自己的心理特点有关，所以，心理学家可以通过被试者的假设了解这个人的心理特点。

罗夏墨迹测试

这些因假设而起的情绪，只要没有得到验证，不知道事实是什么，就是原始的、非理性的、需要被管理的。

一个人越是内心脆弱的地方多，就越可能会有这样的假设，因假设而引起的情绪也会越多。俗话说："世间本无事，庸人自扰之。"所谓的"庸人"，其实是内心创伤较多、脆弱较多的人。

多数人的多数情绪，都是这样产生的，都是因为自己的假设引起的、心中所谓的敌人，只不过都是自己假设出来的"假想敌"而已。看到这里，也请你想一想，你最近一次生气，会不会就是这个原因呢？

回到前面我假设的你和新认识的朋友在咖啡馆约会的事情上，你假设他（她）不尊重你，你会生气；如果你假设他（她）的手机坏了，你可能就不生气了，反而能理解他（她）；如果你假设他（她）的手机被小偷偷了，你也不会生他（她）的气，你可能会生小偷的气了。

所以，在你不知道真相之前，你的情绪都可能是自欺欺人，

109

因为你并不知道你的假设是否符合事实。

我们接着说上面的那个故事:

你和你的朋友在咖啡馆约会,你等了他(她)三十分钟,他(她)还没有来,你认为他(她)是不够尊重你,你很生气地准备离开咖啡馆,当你推开咖啡馆的门,准备离开时,恰巧碰到他(她)要进门,这时,你正被你的情绪控制着,既生气又尴尬地对他(她)说声:"来了?"

说完还用眼睛白了他(她)一眼,同时你也停住了脚步,等待他(她)解释。

他(她)先是向你道歉,然后告诉你,他(她)中午在一个餐厅吃饭时,把手机忘在了餐厅的桌子上,当他(她)快要赶到你们约会的咖啡馆时,才发现手机丢了,看到还有多余的时间,他(她)就赶快回去找手机了。

等他(她)回到吃饭的餐厅,餐厅工作人员说没有见到他(她)的手机,通过调餐厅的录像发现,原来是被另一桌用餐的客人拿走了,并且已经把手机关机了。他(她)一时也联系不到你,所以,他(她)才会晚到了也没办法提前通知你一声。

听完他(她)的这番话,你可能会为你前面对他(她)的误解而后悔,甚至会觉得不好意思。

如果结局是这样的话,看看你前面起的情绪是不是很多余？

如果在爱情的关系中，一个人总是会把自己的假设当成事实，想想他会有多少的情绪要起，对整天有很多负面情绪的人而言，哪里还有什么幸福可言？况且男女之间的事情，假设起来是非常容易的。

生活中很多人与人之间的误会，也是因为这样的假设而引起的，这些情绪，真的是很原始和不理性，甚至多余。

比如：在移动支付还没那么便捷的年代，一个朋友跟你吃饭，本来是他请客，结果买单时他说自己忘带钱包了。

这时，你可以编的故事、做的假设有很多，而不同的假设、不同版本的故事将导致你对他有不同情绪：

事情	假设（故事）	情绪
朋友请你吃饭，买单时他说忘带钱包了	真的就是忘了	相对平静
	明明带了，不想买单	可能会生气
	故意考验你	可能会有些失望、心寒等

当然，上面这个表格里写的内容，也是我的假设，不同的人可能会有不同的假设，也会有不同的情绪。

既然在面临同样一件事情时，你的情绪会和别人一样，你有情绪就不能简单地说是对方的直接责任，而是通过你自己的假设最终导致的。

因此，我们必须学会管理这种因假设而起的情绪，让自己可以更加平静地去享受生活，而不是经常编个故事气自己。

管理的方法：保持客观，不再编故事

对于因假设而起的情绪，我们知道那是自己编的故事，是假设，有时可能不是事实。我们要管理这类情绪，而不是不做假设。不做假设，人们可能就没有创新和推理的能力了，也就不能很好地分析事物了。

管理这类情绪，有两个方法，可以根据具体发生的事情的类型和重要程度，结合使用。

在觉察到自己有情绪，又意识到自己的情绪是因假设而起，你可以：

一、无为

所谓无为，就是知道自己暂时了解不到真相，而真相又是可以随着时间的推移而呈现出来的，并且知不知道真相关系也不是特别大，或者不知道真相也不会引起太大的不良后果，这时，选择什么也不做。

简单说，就是知道自己针对眼前发生的事情，所产生的每个想法都是假设，不是事实，索性不再做任何假设，等待事情自然呈现真相。

在前面的例子中，你在咖啡馆等朋友，他（她）迟到了没有来时，你可以这样来管理自己的情绪：

如果他（她）不来也不会给你带来太大的不良后果，你之后也没有特别重要的事情要做，不如就坐在那里，看看新闻，喝喝咖啡，不再做任何假设。因为你知道，你所想的种种可能，都不一定是事实，你没有必要再用各种假设来引起自己的种种情绪，进而折磨自己，你可以心平气和地享受这个下午。

这样你的情绪马上就平复下来了，而且你会很享受这个时光，不会因为他（她）的迟到而影响到你的心情，等对方到时，或者对方主动联系你时，你自然就知道了事情的真相。

这样，你就使用"无为"的方法，完成了一次有效的情绪管理。

通常情况下，对方迟到了，都是事出有因，等你知道了原因，你可能就不会有生气这个情绪了。即便是对方迟到的原因真的是不尊重你，你知道了真相再生气也不迟，这样在十次同样的情况里边可能有八九次，你其实是不用生气的。（即便是对方真的不尊重你，这样的情绪也是可以管理的，具体在下一节阐述。）

这是一个说起来非常简单的方法，等于什么也不做，但其实当你这样做时，是要面对内心觉得对方可能不尊重你而

113

带来的痛苦的，这是一个与自己内心的脆弱在一起的机会。我们内心的脆弱有一个特点，当你看到并与它在一起感受着它时，它就会变得强大。

在这样的事情中，内心关于自尊的脆弱越多，越容易假设对方不尊重自己，越是容易生气，当与自己的脆弱在一起时，感受到的痛苦也就越强烈。

二、验证

当你有了一个假设，这个假设让你感觉事情可能很严重，你不一定要无为，你可以采取另一个方法，跟随情绪的提示，去验证你的假设，更早地让事实的真相呈现出来。

但切记，在你的假设没有得到验证之前，你要牢牢记住，这只是你的假设，这样，你的情绪就会好得多。

很多情况下，事实可能并不像你想象的那样，当你发现这一点，也就是事实并不是你假设的情况时，你的情绪就完全消失了。

这样，你就有效地避免了因为潜意识这个原始的、非理性的提示方式而额外产生的情绪，那些"庸人自扰"之类的情绪就不会发生在你身上，你也就不会误会别人了。

这个方法，不只是可以管理你的一些情绪，还可以让你和他人之间少产生误会和误解。但也请你务必记得，这个方法，不是不让你做假设，而是在假设没有得到验证之前，你必须清醒地知道，这只是个假设，还不是事实，单单就这一点，就可以让你的很多没必要的情绪消失。

这两个情绪管理的方法，很多时候是要结合的，当你无法"验证"时，你只能采取"无为"，就像你在咖啡馆等朋友，你打电话他（她）关机了，你无法及时"验证"了，这时"无为"、好好享受下午的好时光就成了最佳选择了。

但不管是无为还是验证，在本质上都是先与自己内心的脆弱在一起，这不但可以管理好情绪，还是一个强大自己的办法，也是一个跳出自己成长过程中关系模式的方法。

管理好这种因假设而引起的情绪，让自己不要再编个故事气自己，你就可以让自己的情绪更加平静，也就能有心情更好地享受生活、享受爱情了。

以上阐述的情绪管理方法，是从认知的角度来看待情绪的，而实际上针对情绪还有很多角度，下面的章节，将提供更多角度来帮你管理情绪。因此，你可能会发现同一件起情绪的事情，本书前后提供了多种不同角度的管理方法，并且都是有效的。你可以结合使用，这样可以达到更好的效果。

第六章

情绪管理方法二：穿越"情绪按钮"

　　我曾经有过一个这样的经历。有一天，我和一个朋友在外面聊了些事情，回到家里，我太太很关心我们聊的结果，在她闲下来的时候，问了我一句话："你们刚才说了些什么？"

　　她刚说完这句话，我忽然就感觉到一股无名之火从心里蹿出，大声地对她说："关你什么事？"

　　她听到后非常生气，大声反问道："我关心你不可以吗？"

　　此时，我忽然意识到她问我并没有问题，她只是关心我，而我会对她的关心起情绪，一定是我的问题。

　　就在我们对话的这一瞬间，我脑子里闪过了一个儿时的经历。也许是从事心理学方面工作的缘故，我马上意识到，当下我的这种情绪，可能是和这个儿时的经历有关。

在我小的时候，居住的村庄离外婆家有三四公里左右的路程，由于我母亲腿脚不方便，很长时间都不回一趟娘家，那时也没有电话和网络，所以母亲对外婆家情况的了解，需要经过我们几个孩子来传递。

我学会了骑自行车以后，逢年过节经常去外婆家。在我的印象中，我从外婆家回来以后，母亲会经常很仔细地问我："大姥爷给你说了什么？"（我的外公排行老大，他有两个弟弟。）

我会重复一下外公跟我说过的话，有时我说外公没有给我说什么，她会问："什么话都没有说吗？"当然不是，至少会给我说"来了"这样的话，所以，我就需要把外公说过"来了"这样的话，也给母亲重复一遍。

问完外公跟我说了什么，母亲还会问："二姥爷跟你说了什么？"

接着是："三姥爷跟你说了什么？"

然后是每个外婆跟我说什么，姨、舅舅、姨父都跟我说了什么，都要跟她汇报一遍。

这样全部汇报下来，通常是外公家的十几口子人跟我说了什么或什么也没说，都要跟母亲汇报一遍。

有时，刚跟母亲汇报完毕，正冲向门外想找小朋友们玩，父亲又回来了，也叫住我问外公家的情况。他们不愧是夫妻，问话的格式也是："大姥爷跟你说什么了？"

那时我回来后一心想着出去跟小朋友玩，是没有什么耐心的，听到他们的问题就心烦，所以很不愿意回答父母的这些问题。但又不能不回答或者发脾气，只好把自己的心烦先压抑起来，一一回答。

久而久之，我的潜意识学会了一个模式：一旦有人问了"谁跟你说了什么"，我马上就会心烦或愤怒，用来保护自己，想要攻击问这样问题的人。所以才会有我太太一问我，我就有一股无名火蹿上来。但她关心我是正常的，潜意识让我攻击她，明显是一种有问题的保护模式。

这种一旦被触碰就会起情绪的某些心理敏感点，像是心理上的一个按钮开关似的，我们称之为"情绪按钮"。而人在"情绪按钮"被触碰后头脑中产生的一些想法通常是非理性的，甚至是偏激的。这样就会出现前面所讲的"假设"，被情绪支配着大脑开始编故事，使人失去客观。

比如：

看到男友手机上存有他前女友的电话，一些女孩儿的"害怕被抛弃"的情绪按钮被触碰到，就开始胡思乱想，编故事假设男友可能跟他前女友还保持某种关系，其实不一定是事实，可能只是被情绪支配后的自由联想。

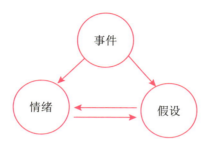

只不过"假设"是在头脑里发生，而"情绪按钮"在心理层面，两者紧密关联，相互作用，头脑的自动化思维——"假设"会导致情绪反应，内心的情绪也会导致头脑的自动化思维，产生"假设"。

情绪按钮并非某些人特有，而是每个人都有，只不过有的人多些，有的人少些，多的人敏感脆弱，少的人淡定强大。

情绪按钮多的人，会非常难相处，因为不知道怎么样就触碰到他们那些按钮了，所以，跟他们一起生活的人是常常会紧张和痛苦的。

情绪按钮阻碍人们获得幸福

电脑处于待机状态下，把手指放在电源按钮上按一下，立即被唤醒，切换到工作状态。电源按钮是电脑的唤醒开关，

119

一旦触碰，就有固定的结果发生。

情绪按钮是我们心理上的开关，并不需要价值判断、理性的参与，一旦被触碰到，就马上会有相应的情绪被唤醒。没有理性的参与，事件直接导致了情绪反应，毫无疑问，这种情绪属于本能的情绪。

比如：

我有一个上海的学员，只要有人跟她说话时声音里带着些愤怒的情绪，她马上就会恐惧。这就是她的一个情绪按钮，想让她害怕，只需对她稍微提高点声音训斥，她马上就蒙了。

上课时，她问我："老师，如何才能鉴别出什么样的男人有暴力倾向？"

这位学员儿时父母经常吵架，父亲对母亲和她有暴力行为，她很恐惧。这导致她有了一个这样的情绪按钮，一旦遇到有人看起来想对她凶，就马上会害怕。很多时候，她的害怕并不是当前这个人给她带来的，而是儿时父亲施以暴力时的恐惧记忆被唤醒了。

这会使她跟男人交往时特别关注对方是否有暴力倾向，只要对方言行略微有点"像"有暴力倾向的人，她就会逃之夭夭，进而错过更多的人。

实际上，想在刚认识一个人时，就鉴别出这个人有没有暴力倾向是一件比较困难的事情。即便一个男人有暴力倾向，一般也不会在刚开始恋爱时就表现出来，而是要等到关系稳定后才能发现。

她的这个情绪按钮更大的问题在于，即便她找了一个自认为没有暴力倾向的男人结了婚，这个男人也可能会有发脾气的时候，一旦对方发脾气，她就会害怕，做出让步。这可能会让对方意识到发脾气对她很有用，发脾气得到强化，进而对她发更多的脾气甚至动手。她可能会自己创造一个对自己施暴的人，让同样的事情在自己身上重演，产生强迫性重复。

所以，她的这个情绪按钮可能会给她的婚姻情感生活带来严重的影响，阻碍她拥有幸福。

一些人吵架时会说："是你让我伤心！""是你让我委屈！""是你让我生气！"他们以为自己的痛苦来自对方，而没有意识到，正是自己有这么多情绪按钮，内心如此脆弱和敏感，才是自己诸多痛苦的来源。

比如：

有的人怕受到委屈、有的人怕被否定、有的人害怕被人拒绝、有的人怕被忽视、有的人怕被抛弃，等等。

情绪按钮越多的人，越有机会被人触碰，越敏感，越难相处，也越难拥有和谐的家庭。他们如同一个机器人，身上有很多开关，别人只要触碰，他们就开始痛苦。他们的幸福，掌握在别人手里，做不了真正的自己。

人们的情绪按钮有很多种，管理这些因情绪按钮被触碰而产生的情绪，其实就是消除这些情绪按钮，本书中称之为"穿越情绪按钮"，让情绪按钮最终消失，别人触碰时也就不会再有这些情绪了。

这些年来，很多感情遇到问题的人走进《爱的能力》课堂，学习情绪管理。当他们了解情绪按钮的原理后，即便还没有消除这些情绪按钮，他们的感情关系已经开始发生好转。因为以前认为是对方的问题，现在知道是自己的问题。以前认为应该改变对方，现在知道应该自己成长。

改变对方是一件几乎不可能完成的任务，而成长自己，随时可以开始。

情绪按钮多与童年经历有关

每个人来到这个世界的初期，都没有自我保护能力，对养育者是绝对依赖的，离开成人的照料几乎无法生存。身体没有力量，心理也很脆弱，经历一些对自己有伤害或威胁的事件时会有强烈的情绪体验。潜意识记住了这些曾经带给人们痛苦或威胁的场景，在以后再遇到相似情景时，就会用当时的情绪来提示和驱动自己。

这些伤害可能是入侵，即不该发生的发生了，比如打骂、惩罚、剥夺自由意志等；也可能是缺失，即该发生的没有发生，比如得不到爱、重视、理解、认可等。这是情绪按钮形成的原因，也即心理创伤形成的原因。

比如：

有人儿时被狗追过甚至咬过，当时会形成对狗的恐惧，这样可以看见狗就躲得远远的，有效保护自己。

长大后有能力保护自己了，也知道现在很多人养的宠物狗一般情况下是不咬人的，但儿时对狗的恐惧还是存在的，还是觉得狗是可怕的，即便是看见宠物狗还是会因为恐惧而躲得远远的。但其实需要保护的只是当年的那个孩子，而不是成年后的自己。

人的潜意识并不懂得这个道理，它会用这种简单的方式保护人，使儿时的恐惧情绪依然像一条忠诚的狗一样寸步不离地保护着人们。

一个女孩儿，曾经在年幼时期受到过性侵犯，现在谈恋爱时，只要对方一想跟她有亲热的动作，她就会特别地紧张害怕，然后迅速想办法逃离对方，并且再也不想见到这个人。

情绪按钮都与儿时的创伤经历有关，但并不都是简单地因为儿时经历过某件特定的事情，所以就有了某个特定的情绪按钮这么简单，还有很多其他决定因素。

比如同样是送到外公外婆家，两岁送去和五岁送去，影响就很不同。两岁的孩子会有强烈的被抛弃感，五岁的一般就不会有了。

人的创伤是在成长过程中形成的，对人影响最大的是生命最早期的经历和体验，因为越是早期，人的内心越脆弱，对养育者的依赖和需要也越强，越是容易形成创伤，发生了创伤事件以后，对人格发育的影响也越大。

并且也不是发生某一类的事情就一定会形成创伤，只有当时发生的一些缺失或入侵，所带来的痛苦体验超出了当时人们可以承受的程度才会形成创伤的。比如婴儿饿了没有及时喂奶，饿五分钟，也许可以承受，饿五十分钟，就不一定能承受了，饿五个小时，也许就会带来很大的创伤了。

并且，这样的事情发生的次数越多，影响越大，很多人经历的创伤体验都不是一次，而是一直持续的。

比如：

在重男轻女的家庭里长大的女孩，所感受到的自己不重要的感觉，可能是从出生一直到当前的。

一个无法理解孩子的母亲所带给孩子的不被理解、孤独、心冷的感觉，也往往是从出生到当前的。因为这样的母亲，如果没有长程的心理治疗参与的话，其理解他人的能力缺失这一点是很难发生改变的。

有一些人回忆自己童年的时候，感觉自己挺幸福的，但自己有很多情绪按钮，他们想不明白自己怎么了。

这可能是创伤体验发生在他们还没有记事之前，他们是不记得的。比如婴儿期即便有被抛弃的经历，如果大人不说的话，长大后一般也不会记得的，还可能因为创伤经历太痛苦了，被防御起来暂时不记得了。

还有可能他们所经历的创伤体验，并不是挨打或被抛弃等很明显的事件，而是父母长期太溺爱他们，剥夺了他们成长的机会，致使他们心理发育停滞，他们也会有较强的依赖性、内心比较脆弱、害怕被抛弃等特点。

除此之外，有的人怕猫，有的人害怕所有毛茸茸的动物和其他东西，有的人害怕多足爬虫，有的人害怕飞蛾，有的人害怕密封的空间，有的人害怕密集的东西，有的人害怕尖状物。每个人都有自己害怕的东西，很多人并不能说清楚原因。

这些心理特点，除了先天因素外，很可能是因为小时候遭遇的某些事情引起了恐惧。这些恐惧在潜意识深处，人们意识不到，所以也就不知道原因。

情绪按钮是在描述某个因创伤而导致的敏感点，但有不少人还存在着人格发育不完整的问题，这有点像一种情况是人身上有几个伤口，另一种情况是整个人都没有长大。对于

125

有几个伤口的情况，用这里介绍的方法可以应对，但如果是身上皮肤太薄或整个人都没有长大的情况，这里的方法就不够用了，想彻底解决问题的话，他们最好接受系统的心理咨询，来帮助他们重新长大。

穿越"情绪按钮"的时机

一个女孩给男朋友打了两次电话，男朋友都没有接，她马上就开始生气、委屈、抱怨，这可能是她"害怕自己不被重视"或"害怕被抛弃"的情绪按钮被男朋友触碰到了。

接下来她可能会因为情绪的驱使不停地继续拨打电话，或者等男朋友回电话时先责问一番，又或者干脆以其人之道还治其人之身，等他回电时也故意不接电话。

这明显对关系有伤害，如果她一直有这样的情绪按钮，对她一生中的情感关系都会有很大的影响。

如果她想消除这个情绪按钮，在她男朋友不接电话，她的情绪按钮被触碰，情绪被唤起时，就是一个面对这个情绪按钮被触碰所唤起的痛苦体验的机会，我们把这个过程称为"穿越情绪按钮"。

这有点像中医说的如果女人坐月子时落下病根，下一次再生一个孩子，再坐一次月子时，治疗的机会就出现了。对于每一个人而言，当情绪按钮被触碰时，都是一个穿越情绪按钮的机会。

所以，对于要面子、害怕被否定的人来说，被否定时，就是穿越的机会；

对于相亲时紧张，不知道说什么的人来说，相亲中再次紧张时，就是穿越的机会；

对于害怕亲密、对性有恐惧的人来说，当对方想要亲密而自己也觉得应该亲密时，就是穿越的机会；

对于害怕吵架，别人一跟自己吵架就头脑空白、不知道说什么的人来说，下一次有人跟自己吵架时，就是穿越的机会；

对于烦别人催促自己的人来说，下一次有人催促时就是穿越的机会。

情绪按钮被唤醒时，为了摆脱情绪，人们一般会逃避或攻击触碰自己情绪按钮的人。

比如怕被别人催促的人，要么攻击催促自己的人"你着什么急啊"，要么远离这样的人，避免以后再被催促。

害怕被否定的人，一旦遭到否定，有的可能会冲对方发脾气，有的可能会再也不想理对方。

如果要穿越情绪按钮，人们需要挑战自己，直面内心的恐惧，不是去攻击，也不是去回避。

穿越"情绪按钮"的方法

情绪按钮被触碰时，内心的情绪被唤起，如果此时这些痛苦是可以承受的，人们不逃避，不转移注意力，感受着内心的情绪，同时做深呼吸，就可以逐渐穿越情绪按钮。

具体步骤：

1．一旦觉察到情绪按钮被触碰，就先感受着内心的情绪。如果可以承受的话，不要逃避内心的痛苦，注意力集中在情绪上，一直感受着情绪，直到情绪慢慢消退。

2．同时做深呼吸，把气吸到腹部，这样胸腔下方的横膈膜会下降，腹部鼓起，肺泡里的废气得以和氧气充分交换。

3.如果是愤怒、怨恨一类的想要攻击对方的情绪，要去透过这些情绪去感受背后的痛苦是什么，因为愤怒、怨恨，包括心烦都是想要攻击对方的驱动力，可为什么想要攻击对方呢？在背后都是有痛苦的，可能是羞耻感，也可能是被抛弃感、不被重视感，等等。

比如，爱人忘了你交代的下班路上帮你买个充电线，你如果愤怒的话，很可能是感觉他不重视你的事情，即对你不够重视。你这个方面的创伤越严重，就会越痛苦，也就会越愤怒。

4.如果这个时候，脑子里会闪现出过去有类似感受的事情，也可以跟过去的感受在一起。

需要注意的是，不管是现在的感受，还是想起过去事情的感受，太痛苦，承受不了，都不要再做这样的练习了，因为这个方法不适合这种情况，想要解决问题的话，可以去寻求专业的心理咨询。

如果可以承受，每一次情绪按钮被触碰时，都做这个"穿越"的练习，情绪按钮就会被消除一部分，假以时日，情绪按钮就会被彻底消除。穿越之后，人的内心由敏感变强大，别人再次触碰情绪按钮时，原来的情绪就不会再被唤醒。

穿越的原理：

情绪按钮穿越的过程，实际上就是一个记忆被改写的过程。情绪按钮被触碰后，人们不再逃避，面对情绪时，潜意识就获得了一次重新评估、重新加工痛苦的过程。当情绪起来而危险并未发生，或潜意识发现是可以承受的，潜意识会记住这一次的经历，下一次类似的场景出现时，情绪反应就会比前一次低些。

生活中人们实际上有很多不自觉地就穿越了情绪按钮的事情在发生。比如当了领导了要上台讲话，刚讲时会紧张，但带着紧张继续讲，慢慢就不紧张了。唱卡拉OK、打针、拔牙等都是类似原理。

人是有适应环境、承受痛苦的能力的，很多儿时承受不了的痛苦，在成年之后是可以承受的。如果刻意去穿越，获得了一次以成年的自己面对儿时的痛苦的机会，会得到新的体验。

穿越情绪按钮的过程是对自己挑战的过程，故意去承受情绪所带来的不舒服或痛，做以前自己不会做的事，让内在的记忆更快地被改写，也更快地战胜情绪按钮。

比如：

以前男朋友不接电话就不停打电话的女孩，现在可以不再打男朋友的电话，而是与自己的感受在一起。

老公一出差就疑神疑鬼担心他在外面乱搞，而忍不住半夜打夺命连环 Call 的女士，来个深呼吸，然后梳理好自己的情绪，问问自己：我是不是可以面对一下内心的害怕？

一听到老婆声音提高就不敢说话的妻管严老公，可以深呼吸一下，而后鼓起勇气，尝试对老婆表达一下自己的想法和感受。

人总是要做之前做不到的事情，才可能会真的成长。在这个成长的过程中，还会伴随着些痛，成长都是痛的，哪怕只是去锻炼身体，也是只有练到肌肉略有疼痛，才会逐渐适应，人的力量才可能会成长。

心理的成长也是一样的，但痛过之后，是自己的蜕变、成长，甚至再生。

痛就像李安导演的电影《少年派的奇幻漂流》中派的老虎，你若逃避它，它会追到你无路可逃。一旦你选择面对时，则早晚会学会与它和睦相处的方法。到时内心反而还会感谢它，因为它激发了自己的成长。没有那只老虎，就没有派的生还。

派训练老虎时不是一次就成功的，需要一个过程。穿越也不是一次就可以完全消除情绪按钮的，需要循序渐进。人的心理资源有限，能量有限，穿越情绪按钮本身会耗掉能量，过多地耗掉能量，反而会容易使人情绪失控。所以，穿越只需每天做一些，不要苛求一次就穿越所有的情绪按钮，这是做不到的。

在情绪按钮完全被穿越之前，你可以告诉别人你有哪些情绪按钮，让别人不要总是来触碰，这样也可以让自己情绪上相对平静。而这其实属于爱的能力的另一种能力：述情。在下一章里，我将详细阐述述情的具体方法。

心理穿越的过程，和锻炼身体时肌肉的成长几乎是一样的，都是需要重复几个月或者更长时间才能有明显的变化。健身的人通过一次的肌肉锻炼是成不了大力士的，过度的锻炼还可能会损害身体的健康，心理也是一样，需要坚持练习，并保证每次的穿越都在可承受范围内。

不同的是，身体一旦不锻炼，可能就会反弹，而心理不会，一旦强大，永远不会再脆弱。

为什么要做腹式深呼吸？

穿越情绪按钮时，做腹式深呼吸能主动激活副交感神经系统，使交感神经兴奋降低，处于应激状态的人体各个器官开始放松平静，快速跳动的心脏慢慢平静下来，血压降低，让整个人的身心趋于平静。情绪按钮唤起的情绪越大，深呼吸就越用力，效果也相应明显。

而胸部的呼吸或正常的呼吸没有这么明显的效果。

穿越和委曲求全的区别：

穿越和委曲求全有相同的地方，都是在情绪被触碰后不去跟对方发生冲突。但两者之间有一个本质的区别：穿越是主动挑战自己，委曲求全是被动承受。

如同辟谷和被罚不能吃饭，辟谷是为了清理体内毒素而主动进行的不进食行为，被惩罚不能吃饭是被剥夺了吃饭的权利。

看起来都是挨饿，内心的体验完全不同。辟谷的人，多日不吃饭，但内在的能量是正向的，完成的难度越大，对自己越认可；而被惩罚不能吃饭的人，即便饿一顿，内心都充满了委屈或愤怒等负能量。

微妙的是，在情绪按钮被触碰时，有时如果人们不主动去做穿越的练习，不去挑战自己，就变成了委曲求全。

比如：

害怕被忽视的情绪按钮被触碰后，很愤怒，为了维护关系又不能发泄，不主动去感受愤怒背后的痛苦感受，进行深呼吸穿越，就变成了压抑情绪，委曲求全。

两者的最大区别在于是否愿意主动迎接挑战，如同被罚不能吃饭的人，要是把挨饿主动转换为辟谷的机会，内在的能量马上转为正向。

第七章

情绪管理方法三：放下对和错

　　在《爱的能力》课程中，有时讲到这个环节的时候，我会在全班学员中，挑一个跷着二郎腿、几乎要躺在椅子上的同学。请他（她）保持坐姿，或者再往椅子里躺得多一些。

　　然后问其他同学："看到这位同学的坐姿，你心里有什么感觉？"

　　一些同学说："没什么感觉，他这样坐很舒服啊！"

　　另一些同学说："他这样不礼貌！"

　　还有一些同学说："我心里不舒服，觉得他上课不应该这样坐！"

　　我会接着追问那些觉得不舒服的同学："为什么他这样坐就是不应该？"

　　一些同学说："因为他这样不尊重老师！"

　　"是啊！是啊！"有人认同。

　　我继续问："为什么他这样做就是不尊重老师？"

　　"礼仪、礼节就是这样规定的啊！"有人抢答。

　　"为什么需要礼节？"我继续。

　　"没有规矩不成方圆！"角落里传来一个女高音。

　　"为什么要成方圆？"我没完。

　　"为了大家更好地生活在这个世界上！"一个男中音。

　　"同意你的观点！但他这样的坐姿，怎么就会影响我作为老师好好生活在这个世界上了？"我抛出终极一问。

　　教室里一片寂静。

"对错"是为了让人们在爱自己时也爱着他人

　　对错、价值观、法律、道德等标准、规则，是文明的产物。其目的是为了约束人们的本能和欲望，让人们在爱自己的时候不要伤害他人，或者说让人们在爱自己的时候也爱着别人，这样才会有和谐的社会与每个人的幸福。

　　可以说对错是工具，是为了让人们爱自己的时候不要伤害别人、也爱着别人的工具。但工具是双刃剑，约束着人们的同时，过于严格的对错标准则会伤害被约束的人。

对于几乎要躺在椅子里的学员，因为听三天的课老端端正正地坐着会累，他们这样坐会舒服些，是爱自己的表现，他伤害人了吗？

好像没有，一些人看到他们这样坐之后的内心不舒服是因为自己的看法导致的，而不是他这个行为直接导致的。如果他要遵守所谓的"礼仪规则"，让所有人都觉得他是对的，就要一直端坐着，让自己不舒服。

而这些觉得他不应该这样坐而不舒服的同学，也很容易在亲密关系中因为觉得对方各种不应该而起情绪，这种情绪就是我们前面讲的理性的情绪，因看法而导致。

想要管理这种情绪，我们需要先弄清楚一个问题：为什么有人会关注他这样坐对不对？而有人会更多关注他这样坐舒服不舒服呢？

先来看一个例子。

假如你有一个两三岁的孩子，有一天你看到他偷偷拿了其他小朋友一个玩具回家，你会怎么教育他？

你有两种方式：

一、你告诉他："你这样做是不对的，这是偷，马上还回去。"

二、你问他："宝宝，你拿了小朋友的玩具，你觉得他会不会伤心呢？"

孩子可能这样答："我不知道。"

你继续问："如果别的小朋友拿了你喜爱的玩具，你会伤心吗？"

孩子可能会答："会的。"

"那你觉得你拿了小朋友的玩具，他会像你一样伤心吗？"你继续引导。

"可能会！那还给他吧！"孩子把玩具伸手递给了你。

两种教育孩子的方式有什么不同？

教育出来的孩子又有什么不同？

也许你的答案说出来不一定和我的完全一样，但不外乎是这样的意思：

第一种教育只教会了孩子做"对"。

第二种教育教会了孩子爱自己的时候也要爱他人。

两种孩子长大后的不同在于：

第一种孩子长大了会是个好人，但不一定有爱。

第二种孩子长大了有爱，他就很难会成为一个坏人。因为坏人和好人的标准其实就是会不会伤害人，也就是心中有没有爱。

这和情绪管理有什么关系呢？

有，因为在我们每个人的身上，其实都有这两种孩子的部分存在。一部分是我们的理性、道德、对错标准，对应大脑;另一部分是我们内心的爱，对应的是我们的心。不过不同的人，两部分所占比例不同。

理性偏多、较多在乎对和错的人，在看别人时，更多在乎别人做的事情对不对、符不符合标准，而不是关注别人的感受。别人做的事，一旦经过他们的价值判断，觉得别人不对，就会起情绪，这种情绪，我们在前面已经定义过，叫理性的情绪。而看到别人上课坐得不端正就不舒服的人，基本都是属于这类人。也就是我们在第一章里介绍的，他们总要求别人做"正确的事情"，一旦别人做的事情不符合他们认为的所谓正确，便有情绪被唤起。

比如:

一个男人回到家里，看到家里很乱，鞋子扔得到处都是，沙发上凌乱地堆着书和衣服，老婆正在看电视，迅速起情绪了。原因是他觉得老婆在家没事干，"应该"把家里收拾干净。

让他起情绪的原因其实并不是家里乱，而是他脑子里的"应该"，他觉得老婆"应该"打扫却没有打扫，于是他有了生气这个情绪，这可能会导致他发脾气。

这就是理性导致的情绪产生的过程。通常并不是事物本身导致了人们的情绪，而是人们理性上对事物的看法和评价导致了情绪。情绪是理性加工的结果，不同的理性加工会导致不同的情绪。

这个男人的情绪是这样产生的：

家里乱 → 老婆应该却没有打扫 → 生气

生活中这样的人很多，看到别人做的一些事情时，第一反应是判断对和错，所以，他们容易产生情绪，而通常这种情绪是愤怒、厌恶、怨恨等。

而这样的人，也往往生长在只关注对和错，而不关注内心感受的家庭。他们的父母，往往就是用第一种方式教育孩子的人，只在乎他们有没有做对，不在乎他们的感受。他们通常都难以有一个快乐的童年，而是经常感受到委屈和愤怒。

如果把心灵比喻为一个花园的话，爱、关注感受像给花儿浇水、施肥、晒太阳，花园里土壤肥沃，花儿茁壮，蝶舞蜂飞，花香四溢。只关注对和错，就像是只关注花有没有长直，只给花去掉养花人自己认为多余的枝叶，而不给花儿浇水、施肥、晒太阳，这样花儿是枯萎的，土壤是干涸的，花园是荒芜没有生机的。

这样环境长大的人，心灵的花园如此贫瘠，他们当然也没有能力去关注别人的感受，更没有能力去爱别人，他们更多的是拿父母对待他们的方式对待他人,那就是关注对和错。

而第二种孩子部分占比较多的人,他们看人时先是用心去感受对方,关注对方心情好不好、舒服不舒服,做事情更多考虑别人为什么会这样做,而不是第一时间用理性评判。

比如:

如果一个男人是习惯用心去感受对方的人,回到家里看到老婆坐在沙发上看电视,家里很乱也没有打扫,他的第一反应是:"她今天怎么了,心情不好吗?"

试想这两种男人哪种更容易幸福?

肯定是后者,因为第一种男人只关注对错,没有去关注老婆的感受。当他责怪老婆不应该不做家务的时候,老婆的感受往往是不被爱。通常在男人看来对不对的事情,女人认为这无关对和错,而是爱不爱的问题。

后者是更关注老婆的心情好不好,而不是事情有没有做对,这几乎是每个人希望的理想爱人。也正是因为他们和人相处的时候,看待别人的行为时愿意感受对方的感受,思考对方行为背后的原因,所以很难对他人产生情绪。想要成为一个好的情绪管理者,就是要成为这样的人。

就情绪产生的原因而言,更多关注对和错的人,也往往是内心敏感脆弱的人。觉得别人错了,是他们的看法,在这个看法的背后,是他们内心有了某种自己可能没有觉察到的痛苦。

这是个有趣的现象，对错等看法会引发理性的情绪，但对错等看法本身又是由情绪引发出来的。

放下对和错，直面心中的痛苦

因对错而起的情绪，通常是想要攻击的动力，而攻击有两个方向，向内攻击主要是委屈，可能还会有伤心、无奈、无助等，向外攻击主要是愤怒，可能还会有心烦、厌恶、怨恨等。也就是说觉得对方做得不对，有的人会委屈，有的人会愤怒，取决于人的攻击性是向内还是向外。向内攻击的人自己痛苦，向外攻击的人让别人痛苦。

尽管向内攻击的人也可以使用下面的方法来管理情绪，但他们还需要被理解和允许，使得他们可以发展出适当的攻击性和力量感，这样别人也能知道他们的底线，可以更好地和他们相处。我们这里就重点以那些有太多向外攻击的人如何管理他们的愤怒为例来探讨，因为太多的攻击性对亲密关系的杀伤力太大。

想要管理这些情绪，也就是理性的情绪，有两个角度，也是两个方法，我会分别阐述。

第一个方法，就是先放下对和错，然后去觉察一下，在自己认为对方做错的事情上，在内心深处，自己的什么痛苦被触碰到了？

当你跟自己内心的痛苦连接上时，通常委屈或愤怒会变得少一些，或者消失。如果你能把内心的痛苦表达给对方，也会非常有利于对方理解自己，这就是述情的必要性。

觉得情人节爱人没送礼物是不对的，是不是不被重视的痛苦被触碰到了？

觉得爱人把自己的家事告诉了别人是不对的，是不是那些家事让自己感觉到了有羞耻感？

觉得爱人挣钱少是不对的，是不是钱少了自己心里没有安全感？

等等。

以往爱人做的一些你认为不对的事情，如果你会有情绪，而你又觉得这些情绪其实没必要，希望对此进行管理的话，你要做的就是先不去想这件事情对不对，而是去感受，这件事情本身带给了你什么痛苦？

如果你只是感觉到了愤怒，需要进一步地去感受，在愤怒的深处自己有什么痛苦被触碰到了？

因为愤怒是一股想要攻击对方的动力，可你为什么要攻击他呢？因为你有更深的痛苦。

就像有人踩住了你的脚，你推他一把，推他的动力像是愤怒，但推他的原因是他踩了你的脚，在对错上他是不应该踩你，但在更深的感受上是你的脚是疼的，或担心鞋被踩脏了。当你愤怒的时候，你可以去想对方让你哪里不舒服了。

如果你的答案是："我为什么愤怒呢？因为他做错了。"那你还在对错的频道当中，并没有进入到自己深层感受当中去。你之所以会觉得他错了，是因为你有更深的痛苦被触碰到了，你需要去感受这些深层的痛苦是什么。

借助这个放下对错、进入感受的过程，你的因对错而起的情绪就会慢慢变弱，时间久了，你可能也会能直接跟自己的这些感受在一起了，而不只是关注对错，或只感受到愤怒和委屈。

当你感受到内心深处的这些痛苦以后，接下来的方法和前面穿越情绪按钮的方法就一样了，如果你可以承受的话，和这些感受在一起就可以了。

第二个管理理性情绪的方法和角度是：

一旦觉察到自己又有了对错而起的理性情绪，试着告诉自己先放下对错，然后用心去感受对方的心，感受一下对方做这个事情时他内在的感受是什么。

有些时候，仅仅是这样去试着感受一下对方的感受，你的情绪可能就会开始慢慢消失了，因为你在从关注对错的频道里向关注感受的频道里切换，一旦理解对方的感受，可能就会将心比心，把对方的感受放到自己的感受里，和对方的感受在一起，往往也就容易释然了。

这是人类的一种重要的能力，也就是共情的能力，是一种类似把自己想象成别人的能力。一旦我们能够这样做，就可能会感受到对方的感受，这有利于接受对方，如果能在内心接受对方此时的做法，自己的情绪自然也就平静下来了。

比如：

妻子回到家就看到老公在客厅玩手机，他不是端端正正地坐在沙发上玩手机，而是整个人半躺在沙发上，双脚放在茶几上的。

看到这个场景，如果讲对错，可能会觉得他是错的，因为茶几是用来放食物和茶水的，不是用来放脚的。再说他这样坐没坐相，多不好看啊！

这样，妻子的情绪可能就开始起来了。如果她习惯向内攻击，她可能会委屈；如果她习惯向外攻击，她可能会愤怒。

她可能并没有意识到家是讲爱的地方，家是放松的地方，人们在单位要好好坐着，在社交场合要注意形象，如果在家里还要像外面一样循规蹈矩，家又和外面有什么区别呢？

此时，妻子如果先放下对错，感受一下老公此刻这样坐是什么感受，可能会感觉到他很舒服，马上就和他的感受连接在一起了，对他的情绪可能会变少一些。因为，妻子已经从对错的频道，切换到感受当中去了。

在家里，爱是排在前面的，正确是排在后面的，那些人们发明出来用来约束人的礼节，有时要靠边儿站。愉快有时比正确还要重要，真的爱他，就允许他把脚放在茶几上，虽然要再擦茶几，但他愉快了，也是值得的。

以上就是两种管理理性情绪的方法，你可以单独使用，也可以同时使用，哪一种用起来对你更有效果，就重点使用哪种。

长期坚持做这样的情绪管理，会帮助你在亲密关系中慢慢从习惯讲对错切换到关注感受的频道里来，也会帮助你慢慢变成一个心平气和、善解人意的人。

第三部分

~~~~~~~~~~~~~~~~~~~~

说出感觉容易爱:

述情

~~~~~~~~~~~~~~~~~~~~

多年前，我跟一个咨询师朋友聊天时，她说：很多人在情感关系中遇到的问题，都与他们不会表达自己的感受有关。

　　听到这句话后，当时我就在思考，为什么有些人会表达自己的感受，而有些人不会呢？后来的答案是，每个人的成长环境不同决定了表达自己感受能力的不同。

　　之后我又在想，这既然是一种能力，这种能力应该叫什么名字呢？我发现在我的知识体系中，找不到一个合适的词来给这种能力命名。

　　我也咨询了一些身边的人，大家都不知道这种能力叫什么。那段时间，刚好是我在思考亲密关系中人们需要具备一些什么能力的时候，也就是爱的五种能力诞生的时候。

　　我发现这种能力在爱情的经营中是非常重要的，它应该是爱的能力中的一种，我本人也需要提升这种能力。我一边在不断地探索这种能力具体包括什么，一边提升自己的这种能力，又一边在思考这种能力应该叫什么。

连续思考了好多天，我还是没有在我原有的知识体系中找到答案，后来我想，干脆，我来给这种能力命个名字吧！

受"共情"一词的启发，我想出了几个词来为"表达自己感受的能力"命名，比如"诉情""抒情""述情"等，经过仔细地推敲，感觉"述情"二字最能表达这种能力，"叙述自己的感受"，客观且平和。最终决定使用"述情"一词来命名这种能力。

从那时起，我开始在文章和培训课程中使用"述情"一词，向大家介绍这种能力及提升的方法。

一段时间后，有一天，我上网搜了一下"述情"这个词，忽然发现，网上有个从国外翻译过来的专业名词叫"述情障碍"（alexithymia），对"述情"一词的定义跟我提出的概念如出一辙。我当时感慨，这真是太有意思了，原来大家想到一起了。

"述情障碍"一词的意思是说，一个人不能为自己的感受命名，或可以为感受命名但无法表达出来，这和我对"述情"的理解几乎是完全一致的。

一个人不会表达自己的感受，别人就不知道他的内在感受，也不知道这个人的心理特点，也就不知道如何做才能让

149

这个人开心，又如何做这个人就会生气，也就不知道该如何更好地与其相处。这样的人，是不容易爱的人，也容易在情感关系中遇到问题。

本部分将向大家讲述"述情"的原理，以及"述情"的具体方法和句型。

第八章
"喜怒不形于色"是爱情的天敌

相对于我们这里要讲的述情，不少人更愿意发表自己的看法，而不会轻易表达自己的感受，更不希望别人看出自己内心的想法和感受。

曾经有一个男大学生找我做咨询，在我给他做完有关情感困惑的咨询之后，他问了我一个问题："老师，我如何才能做到心里有什么事情不被人看出来呢？"

我问他："你为什么想要做到这一点呢？"

他说："这样成熟啊！"

他把不被人看出自己内心想法当成成熟的标志，然后努力去追求，这是很多人年轻的时候都想要做到的事情，像是渴望自己快快长大。

也的确，在职场上、商场上，有时不能让人看出自己的想法和感受，要喜怒不形于色。

对于军事家们而言，在战场上更是要如此。想想诸葛亮坐在城门之上演空城计时，要是有一丁点儿的内心感受的呈现，后果将会不堪设想。

但是，在不同的角色中，对人的要求是不一样的。在爱情中我们是不能喜怒不形于色的，因为这跟实际的爱情关系中需要的能力恰好是相反的。

爱情关系中我们不但不要隐藏自己的情绪和想法，反而要学会真实地表达自己的感受，让爱人明白我们内心真实的想法和感受。然后爱人才知道如何更好地与我们相处。这个男孩儿对所谓"成熟"的追求，正是很多人在爱情里不幸福的原因之一。

《好主妇》杂志曾经引用奥地利的一项调查报告：94%的离异人士认为，缺乏交流而导致的误解是导致他们婚姻破裂的最主要原因。

这说明在爱情关系里，交流沟通是最重要的，那么，爱人之间要交流沟通什么呢？

当然是相互了解对方的想法、感受和一些心理的需求，也就是相互述情，可述情的能力不是天生的，而是后天习得的。

那么，什么样的人容易有较高的"述情"能力？而什么样的人又容易缺失这种能力呢？

什么样的人才拥有述情能力

要想拥有述情的能力，也就是没有"述情障碍"，一个人先要学习在说话的过程中，为自己的感觉命名。

比如：

一个小女孩儿在商场里跟爸爸妈妈走散了，这是她第一次跟爸妈走散，她会很害怕，也很伤心，在到处惊慌失措地找爸爸妈妈的同时，她甚至会放声大哭，并大声地哭喊。

这时的她，在认知层面可能还不明白什么是害怕、什么是伤心。

这个时候，如果她的父母在找到她后去关心地问她："你是不是很害怕啊？"或："你是不是很伤心啊？"她很快就会明白，原来刚才的那些感觉叫害怕和伤心，这样她就慢慢学会了为自己的感觉命名。

反之，爸妈不关心她内心的感受，而是批评她为什么不听话到处乱跑，她就错失一次为自己的感觉命名的机会。如果她从来没有得到过为自己的感觉命名的机会，那她长大了就不知道自己内心的感觉叫什么，当然也就不会述情。

事实上，很多父母在养育孩子的时候，会从孩子生下来就开始关心孩子的感受，帮助孩子把感受表达出来，我们经常可以看到一些养育者会对着不会说话的婴儿说："宝宝饿了！""宝宝想妈妈了！""宝宝好开心哦！"

几乎没有人告诉养育者要这样做，但养育者，特别是妈妈，会自然而然地这样做，这说明这是一种本能，这种本能的存在对婴儿的影响是巨大的，缺少这种本能的妈妈可能就会养育出有严重心理问题的孩子，甚至会有精神疾病。

在刚刚出生的婴儿的感受里，他们不但不能区分和命名自己的感受，他们实际上连自己的感受是心理上的还是躯体上的都不能区分，经由养育者的精心照顾和对他们感受的关注、理解和表达，婴儿慢慢才能够区分出自己的心理感受和躯体感受，这也是一种情绪发展上的成就。

如果连这个发展水平都达不到的人，区分不出心理感受和躯体感受，当他们心理上痛苦时感受到的不是心理感受，而是身体的疼痛，心理学称之为躯体化，内心的痛苦以躯体感受表达出来。这样的人经常身体某处不舒服，到医院又查不出病因。

比这个发展水平更高的，是可以区分出心理感受和躯体感受，但是表达不出来，这包括了能感受到但不知道这些感觉叫什么，以及知道这些感觉叫什么但说不出口，这就是前面我们说的述情障碍。这样的人有了感受不表达，就很容易会被这些感受驱使做些事情，比如生气了不表达，而是不接电话、冷战、分手、离家出走、动手等。

他们用行为来表达自己的感受，而不是语言，心理学称之为付诸行动。由于不表达不易被理解，这样的人也非常容易在亲密关系中遇到困难。

发展得最好的，是不但知道自己的感受是什么，还能准确地用语言表达出来，这是情绪的表达最成熟和健康的方式，也是最有利于关系的经营的，心理学称之为语言化。

而能够发展到这个水平，是需要借助父母提供的良好的养育环境的。除了父母经常为孩子的感觉命名，父母如果经常向自己的孩子"述情"，也能为孩子真正地学会"述情"提供一个示范和榜样。

有一段时间，我的课程很多，经常回家时都已经累得精疲力竭，连说话的力气都没有，而还没有上幼儿园的儿子看到我回来了，就总想让我陪他玩会儿。我也很想跟儿子玩，但实在太累，想先休息会儿，然后再陪他玩儿。

我对他说："儿子，爸爸很想陪你玩儿，可爸爸讲了一天的课了，实在是太累了，浑身都是疼的，可不可以让爸爸先休息会儿，然后再陪你玩儿？"

儿子很懂得心疼我，就让我先去休息，然后再陪他玩儿。

没过几天，我从外面讲课回来后又躺在了沙发上，儿子看到后马上跑到厨房跟他妈妈说："妈妈，妈妈，你不要打搅爸爸休息。"

他妈妈问他："为什么啊？"

他说："因为爸爸太累了！"

看，他已经学会替我"述情"了，孩子的述情就是这样学会的，大人经常给他述情，告诉他自己内心的感觉，他就会模仿。

又过了一段时间，到了冬天，有一次我们步行去附近的商场，路上看到一对老夫妻在人行道上乞讨。在给他们一些零钱后，我们刚要离开，我儿子问我："爸爸，能不能把咱家的房子给他们？"

我说："为什么呢？"

他说："因为我看到他们挨冻我心里很难过啊！"

我当然没有答应儿子把房子给老人们，但是我很开心，因为我看到儿子已经会"述情"了。他告诉我他"心里很难过"，已经把自己内心的感觉表达出来了，虽然并不是一个非常准确的词，但他学会了这种方式。

会述情的人，就是这样学会述情的，是爸爸妈妈等身边的人经常给他们述情，他们受到周边语言环境的影响，慢慢学会的。

这解释了为什么有些家庭几代人都不善表达，因为在一个不表达的环境中，很难成长出一个善于表达的人来，除非受到这个家庭之外的人的影响或后天刻意地学习和练习。而我们也很有必要在后天来学习和练习自己的这些能力，因为这些能力都会通过语言环境传递给一代又一代的子子孙孙。

这种能力，是以后在生活中，特别是爱情的关系里需要的重要能力。如果你是一个不会表达自己内心感受的人，你的爱人就较难了解到你真实的感受，也就不知道如何对待你。而你一旦告诉了爱人你的感受，爱人便容易知道如何对待你，你就成了一个很容易相处的人，相同地，你也会感觉到身边的人很好相处。

述情为对方画出了如何爱你的线路图

通过述情，我们告诉了对方我们喜欢什么、不喜欢什么，希望如何、不希望如何，这等于给自己的爱人指了一条爱自己的线路，清晰得就像一张线路图一样，遵照这张线路图，他就可以知道如何到达我们的内心深处来爱我们。

我在前面第二章里讲的，我听到"谁跟你说了什么"这句话后我会心烦，然后我告诉了我太太我内心的感受，以及

这个情绪按钮的来源，她以后就不再问这个问题了，我所做的就是"述情"，给她指明了对待我的方式。

而她的述情，也能告诉我该如何对待她。

有一天早餐时间，我从外面买了一些早点回家，其中有一份馅饼是我特别喜欢吃的，但我不知道她喜不喜欢。我开始吃这个馅饼时，她刚好去厨房做别的，我在吃时给她留了一半。等她从厨房里出来时，看到我给她留了一半馅饼，就说："看到你给我留了一半馅饼，感觉你心里是有我的，我感觉很幸福！"

那一刻，我感觉到原来让她幸福是如此简单，只需要这样做就可以了。而其实，这就是她通过"述情"，给我指明了爱她的方向。

每个人的成长经历不同，心理特点也不同，你喜欢的未必就是别人喜欢的，别人喜欢的也未必是你喜欢的。"述情"可以快速地让爱人了解到你的心理特点，进而掌握与你相处的窍门。

这跟很多人的特点的确是不一样的，尤其是一些女性，常常不把自己喜欢什么、不喜欢什么告诉对方。反而让对方去猜，当对方猜不对时还会生气。

"爱我就应该知道我在想什么啊！"

这是一次上课时一个女孩儿说出的话！

可这怎么可能？

爱人是被你吸引才会跟你在一起的，但被你吸引并不代表了解你，真正能知道你经常在想什么，一定是你经常告诉他你的想法和感受，时间久了，他对你多数的想法和性格特点都了解后，他才能做到你想要的这种境界，这需要你经常"述情"的。

还有些夫妻，虽然在一起生活很多年，但彼此并不真正懂对方，也不主动打开自己的内心去与对方述情，结果相互都会抱怨对方不懂自己。但不去告诉对方你自己真实的内心世界，他怎么会懂呢？

不要以为两人一相爱就会彼此很懂对方，这完全是两码事儿，相爱很多时候是荷尔蒙和理想化在起作用，而两人彼此都很懂对方的爱情关系是通过彼此不断述情沟通来达到的。

曾经有一个年近四十依然单身的男士告诉我说："我希望能找到一个心有灵犀的伴侣。"听完他的话，我知道如果这一点不改变，他单身的时间可能还会很长。

人人都想追求心有灵犀的爱情，殊不知这样的爱情往往不是找到的，而是要经过长期的磨合和经营才能达到的。当两人都长期地向对方述情，并与对方共情，经过一定时期后，两人感知对方的感觉就像自己的一样容易，心有灵犀就产生了，两人也就真正地"合二为一"了。"心有灵犀"是经营的结果。

[第九章]
述情让家庭和谐

述情原本不是我们所擅长的，很多人都不会，因此，就在生活中制造出来很多问题，比如冷战、误会、反目成仇。要知道在各种感情关系中，述情都是很管用的，并且效果非常好。

经常会有人给我写信，告诉我关于他们练习爱的能力后生活中发生的各种变化。大家告诉我，爱的能力不但影响到了他们的爱情，还影响到了他们跟朋友的关系、跟同事的关系、跟父母的关系，很多人都发现自己的人际关系好多了，这当中跟大家学会了述情密不可分。

述情可以让父母不再急着催结婚

曾经有一个外地来北京工作的男学员，他是家里的独生子，事业已有起色，年近三十，未婚且没有女朋友。

他的年龄，放在北京来看，三十岁左右没有结婚，算是正常。但在他的老家就不行了，在老家跟他同龄的男人基本上孩子都会打酱油了，身在老家的父母为此非常着急。

特别是母亲，几乎是每周一个电话，催儿子早点找对象结婚。但催了一段时间发现根本没有效果，母亲的电话就更多了。

又过了一段时间，母亲发现还是没有效果，干脆买张火车票来了北京，专门监督儿子找对象。但找对象不是一天半天就能搞定的事情，来了几周发现儿子还是"不听话"，母亲很着急，这一着急不要紧，胸口开始有些疼痛，心脏出了问题。

儿子来上我的课的时候，正赶上母亲心脏出问题，他学习了述情以后，回家对着母亲一顿述情，母亲的心情很快就有了好转，并决定回老家等儿子的消息，不再天天待在北京催着儿子结婚了。

儿子到底跟老母亲说了什么，这么快就扭转了老人的想法？

这要先从母亲在老家打电话时开始讲，母亲天天在老家打电话催儿子结婚，儿子的答复是："我都这么大了，不用你们操心了！"这等于对老人说："你打电话是没有用的，我是成人了，不会听你们的了。"

从母亲的角度来看，打电话给儿子，是希望儿子能够重视这个事情，并且加快步伐，早点结婚。儿子的一句话，让母亲感觉，自己催儿子结婚用打电话这个行为是无效的，儿子并没有因为自己的电话而开始加快步伐，所以母亲要加大行为的力度，也就是来北京监督。

来北京后，天天催儿子，儿子还是那句话，母亲发现自己的行为还是无效的，所以就更加着急焦虑，甚至生气，最终导致心脏病发作。

其实，母亲打电话对儿子是有用的，接到母亲的电话，儿子的心情是非常着急的，并且已经开始加快了步伐。除了每天上婚恋网站外，还经常参加交友活动，但他并没有把自己内心的感受和自己的做法告诉母亲，这就导致母亲以为自己的电话是无效的，进而来北京。

当母亲来北京后，儿子还是没有告诉母亲自己内心的感觉以及自己做了什么，让母亲继续以为自己的行为还是无效的。

后来，这位学员学会了如何表达自己的感受和想法，回家就告诉母亲："妈，我知道你这么做都是为了我好，我知道你很着急，我也非常着急，天天都在上网找对象，还参加交友活动，最近还报了培训班学习怎么与女孩儿相处。你放心，我一定抓紧时间给你找一个满意的儿媳妇。"

儿子告诉了母亲自己的感受，就是他"也非常着急"，并且告诉了母亲自己每天做的事情和对未来的决心，母亲一下子就发现自己的行为是有效的了。母亲的需求得到了满足，也就不再着急催儿子了，心里放下了，病也好多了。本来到北京来就是催儿子找对象结婚的，现在看到效果已经出来了，继续留在北京也就没有什么必要了，母亲就回家了。

这就是述情的作用，看似很简单的几句话，却可以起到很大的作用。让妈妈知道儿子的心情，进而不再替儿子着急，也让妈妈的身体恢复了健康！

述情让她多分一间房

这些年，我听到大家给我讲的有关练习述情后、产生了意想不到效果的故事很多，甚至是五花八门，其中有一个我的印象很深，这是一个跟房子有关的事情。

一个女学员，有一份很好的工作，她所在的单位可以分

163

房子。

一天，她接到通知，要给她分房子了，本来是高兴的事情，但她并不高兴，还觉得有些委屈。

原来，一起分房的其他同事分到的都是两室一厅的房子，只有给她分的是一室一厅。原因是别人都是已婚，只有她是未婚。

她感觉到有些不公平，认为单身又不是自己愿意的，只是暂时没有找到对象，却在分房时影响这么大。那是不是等自己结了婚就给调两室一厅的呢？如果不调，那真的很不公平了。如果调，现在自己的装修不就浪费了吗？抱着试试看的心情，她找到主管领导去述情，结果出乎她的意料，领导答应给她调一个两室一厅的房子。

看到这个故事，想想如果你是这个学员，你找到领导时，会怎么说？

为了能帮助你很好地练习述情，你最好自己先想一个答案再往下看。

你的答案：

_____

_____

_____

164

我猜如果对述情没有一定的了解，很多人可能会这样说：

"领导，都是一样的工作年限，别人分的都是两室一厅，我分的却是一室一厅，我感觉这太不公平了！"

要知道，这句话领导是很好答复的：

"什么公平不公平？领导班子研究后就是这样决定的！"

往下你可能就要问，以后结了婚还给调不调了？可是以后调不调都不是她理想的答案。

那么，这位同学是如何说的呢？

她使用的是标准的述情句型：

"领导，都是一样的工作年限，别人分的都是两室一厅，我分的却是一室一厅，我感觉很委屈！"

对比一下前后的句型，看看有什么不同？

对了，区别就是"不公平"和"很委屈"。说"不公平"是在讲对错，也是在指责领导；说"很委屈"是表达自己的感受，并没有指责领导，这就是讲对错和讲感受的区别。

单位领导，虽说是同事关系，但一起工作多年也是有感情的，当你跟领导说"不公平"时，就没有讲感情，是在讲理，那领导也会跟她讲理："未婚的就是一室一厅，已婚才分两室一厅。"

但跟领导说"很委屈"，是在讲情，很多时候，会做领导的人还是很讲情的，所以就有了调房子的事情。

述情就是这样，在爱人、亲人、朋友、同事关系中都是可以用的，并且都能起到很好的效果。

第十章
述情的两个基本功

如同情绪管理一样，述情也有基本功，并且有两项。如果没有练好这两项基本功，要么该述情的时候原来的语言风格又出来作怪，要么述情出来的语言并不准确，也就达不到想要的效果。所以，要想成为一个述情高手，必须从这两项基本功开始练起。

基本功一：分清是不是事实

在《爱的能力》的课堂上，会有大量的现场练习。学员们练习述情的时候，我会把大家分成两人一组进行。练习中我会告诉大家，如果你的搭档向你述情时，你发现你听了对方的述情感觉很不舒服，请你举手告诉我，因为那多数是因为搭档的述情不准确。可能是你的搭档说的并不是事实，或者不够客观。

在夫妻的对话当中，很多内容不是事实，是夫妻们常犯的毛病，这直接就会导致对方的反对，因为对方感觉你夸大了事实，或扭曲了事实，会激起对方反驳你的欲望。

一对夫妻在对话，老婆说："结婚这么多年，我们总是过年的时候回你家！"

老公马上反驳："刚结婚时不是有几年在你们家过的年吗？怎么能说是'总是'？"

老婆说："反正去你们家多！"

老公说："那你也不能说'总是'啊！"

老婆的话马上引起了老公的不满，因为老公感觉老婆在夸大事实，两人讨论的焦点已经从回谁家过年更多，变成了老婆说话的方式上，本来老婆很有主动权的一个话题，却因为自己说的不是事实，变成了老公对自己语言不准确的一个攻击。

类似的事情在我们的生活中时常发生，这都源自我们有时说话不够客观，所以才引起一些对方的反驳。

有一年春节，我去朋友家里做客，夫妻俩见到我之后，想跟我探讨一下夫妻关系的经营之道。有一段时间我们聊到了关于他们俩在家谁做饭的事情。

老婆说："他，从来都不进厨房！"

老公马上反驳："是从来吗？你这个没良心的！"

看，又是因为老婆说话中用了一个"从来"，老公就发起了反击，因为说老公从来没有进过厨房明显是不客观的，所以不但没有起到较好的效果，也引起了老公对她说话严谨程度上的反驳。

述情的第一个基本功，就是说话要客观，说出来的话基本都要是事实，而不是用"从来、总是、一直"等词来以偏概全。因为这样容易引起双方的分歧，或引起对方的不满，进而使矛盾升级。

可什么是事实呢？

这是一个很多人看似明白，其实并不一定明白的问题。

事实往往是一个动作、一个声音、一个场景、一段经历等客观存在，或者是可以具体衡量的，比如经过的时间、钱的数量等，或者是经过验证的别人内心的想法或感受。

在课堂上，我经常举起右手做招手状，请大家说出自己看到的事实是什么。

我听到的答案经常是这些：

"叫人。"

"叫出租车。"

"打招呼。"

其实，这些都不是事实，都是大家对"我的右手举起来在动"这个动作的自我演绎，都是大家脑子里演绎出来的，不是事实。

当然，为了上课，我举起手来的用意是做例子，而当时的事实是"我的右手举起来，手指在上下摆动"，是一个动作。

事实往往是客观的，而不是主观的判断或想象，那些"招手，叫出租车，打招呼"都是大家的主观想象，不是事实。当然，如果我站在马路边做招手状，来了一辆出租车，我坐上去走了，那"叫出租车"就是事实了。虽然开始时只是你的假设，但我上了出租车这个事实已经验证了你的假设是准确的。

现在你可以做一个练习，来感受一下事实和假设的区别。

假设你现在坐在屋里看书，忽然听到窗外传来"嘣"的一声响。

你只是听到响声，并没有看到具体是什么在响。如果你马上认为是放炮的声音，或者车胎爆了，或者是打枪的声音，其实都只是你的假设。

事实就是窗外传来"嘣"的一声响。

这就是述情的基本功，能够分清事实是什么，然后在述情的时候，说出的话里用事实，而不是自己的主观想象和假设。

这需要经常练习，练习的方法倒也简单，就是当你尝试对一件事情做出描述时，就问自己，我说的是事实吗？

比如：

回想一下上一次跟你的爱人拥抱，距离现在有多长时间了？

用"天"为单位来形容，比如七天，这是一个事实。

用"小时"为单位来形容，比如十二小时，这是一个事实。

但用含糊的词,比如"很久"就不够客观了,容易引起分歧,所以在述情时尽量用准确的词，而不是"很久、总是、从来、一直"等绝对化或含糊的词，这样才不容易引起对方反驳，因为你说的是客观事实，无从反驳。

一些人之所以说话时常常使用"从来、一直、总是"等绝对化的词语，则是因为想要通过这些绝对化的词语为自己的语言加力，就像有些人说话不自觉地提高嗓门一样，是为了强调。这样的原因是内在有太多无力感，总担心自己的话语不受重视，所以不自觉地会强调。其实，强调之后的语言才不容易被重视，因为别人觉得事实被夸大了。

说话时尽量进行清晰的描述，不把自己的想象当成客观事实来说，尽量说出具体的衡量单位，既可以使得述情有较好的效果，也是在面对自己内在的无力感。在表达的同时，也是在与内在无力感在一起的过程。

表达是有疗愈功能的，很多人在接受咨询时会有这样的感觉，仅仅是向咨询师说出自己内心的感受，那些感受就变弱了，因为表达的过程就是跟那些感觉在一起的过程。在述说事实时，虽然没有直接表达出自己的无力感，但克制住自己不去强调，这本身就是努力地在与自己的无力感在一起，是对无力感的穿越。

事实有时还包括你过往的经历，当你对对方做的一件事情有情绪时，对方可能会觉得你不该有这些情绪，但如果对方了解到你曾经有过一些痛苦经历与这些事情有关，就容易理解你。所以，这个时候表达出来这些过去的经历，也是很有必要的，就像我告诉我爱人我儿时去外婆家后被父母反复问的经历一样。

下一次，当你向爱人表达自己的感受时，如果你意识到这种感觉与你儿时某些经历感觉类似，如果时间和场合合适，试着说出感受的同时，把这些经历也说出来，看看是不是更容易被爱人理解。

基本功二： 准确描述感受

述情作为一种沟通上的能力，其最大的特点是不讲对错，只讲自己的感受。所以，在述情时，你必须能觉察到自己的感受并准确地说出，才会有较好的效果。

如果你没有感觉到自己内在的感受，就可能会付诸行动或讲对错，而不是述情。如果感觉到了内在的感受，但说的时候说得不准确，并没有把内在的真实感受表达出来，述情的效果往往也不好。

比如有的人描述自己内在感受时只会用"不舒服"一词，生气了说"不舒服"，委屈了也说"不舒服"，伤心了还说"不舒服"。

如果跟陌生人这样说，别人偶尔听到一两次这个人说"不舒服"，还不会觉得有什么问题。

但如果跟爱人之间沟通，也全部是用"不舒服"，给爱人的感觉就是这个人一天到晚地"不舒服"。跟这样的人相处，爱人可真的就"不舒服"了。

所以，述情时要遵循一个原则：关系越远，用词"颗粒度"越粗；关系越近，用词"颗粒度"越细。

对于关系远的人来说，别人并不怎么在乎你的具体感受，说声"不舒服"，已经是一定程度的打开内心表达感受了。而对于关系近的人，特别是爱人，朝夕相处，必须要用词"颗粒度"细，也就是更精确。比如要说"委屈、伤心、尴尬、羞愧、内疚"等这样的词，而不是"不舒服"等。

"颗粒度"粗的情绪词：心情好、舒服、不舒服、难过、不开心等。

以下情绪词汇，都是相对精确的情绪词汇，属于"颗粒度"细的情绪词：

高兴、自豪、开心、自信、感激、快乐、愉悦、温暖、喜悦、愉快、幸福、满足、欣慰、惬意、爱、喜欢、感动、兴奋、充实、平静、放松、温暖、踏实、祥和；

伤心、尴尬、担心、焦虑、害怕、紧张、沮丧、迷茫、恐惧、内疚、失落、无助、无奈、失望、绝望、伤感、心寒、苦闷、疲惫、悲伤、愤怒、生气、恨、厌恶、厌烦、惊讶、困惑、孤独、寂寞、郁闷、羞愧、遗憾、嫉妒、后悔、自责、无力、挫败、心疼、委屈、讨厌、心烦、压抑、憋屈、羞耻、害羞、耻辱、屈辱、心痛、震惊、空虚、无聊，等等。

述情的几个注意事项：

1. 越述情问题越多

在实际的运用中，一些刚开始试着使用述情的人会发现一个现象，就是自己不述情还好，一旦述情，感情中的问题反而多了起来。

比如曾有女学员这样说："以前我心里有什么不好的感受我不说，我男朋友没觉得我有什么，现在我试着述情，他反而觉得我怎么那么多情绪。"

其实，这个女学员的问题并不出在述情上，而是出在情绪管理上。她的情绪管理能力差，内心敏感，以前不述情时男朋友并不知道她心里有这么多情绪，现在述情了反而暴露了自己的脆弱和敏感。看似述情出了问题，实际是需要先练习情绪管理，管理不了的情绪再述情，需要述情的时间就没有那么多了。

这也是为什么"情绪管理"这种能力排在"述情"的前面的原因，情绪管理能力好的人，经常不会起太多负面情绪，需要述情的时候就会相应的少。内心各种痛苦的情绪多的人，如果述情，对方可能会觉得这样的人事多、矫情；如果不述情，自己难受，怎么都不行，所以先要做的还是情绪管理。

具体到前面说的那位女学员，实际上她以前不表达，呈现给男友的并不是真实的自己，如果述情了男友就不喜欢她了，那男友以前喜欢的也不是真实的她，而是她扮演的她。这能否长久，还真不好说。

2．述情后对方没有变化

实践中还会有人问："为什么我述情后，对方还是会那样做？"

比如：

有学员因为嫌妻子唠叨，就跟妻子述情，结果发现妻子还是唠叨。

述情不是控制术，更不是咒语，不会自己述情之后，对方马上就变化了。述情只是在感情的关系里最合适的沟通方式，比指责、抱怨、冷暴力都要更有利于感情关系。

述情可以促进对方对自己的理解，有时候对方会做出调整，但不会每次都是你一述情对方就都会调整，因为对方也有他自己的需要、欲望、情绪、脆弱、性格等。如果你一述情，对方就调整，那等于对方完全围着你的感受在生活，对方就完全没有了自己，会感觉很压抑，也根本做不到。

不过，虽然述情后对方不一定会调整，但在对方的内心，比起指责、抱怨、冷战等，述情带给对方的感受肯定要好得多。

3．失语期

很多学员在课后的练习期间，还经常会出现一个"失语期"。说是"失语期"，当然不是得了失语症一样说不出话来了。而是当大家想要说一句话时，会思考一下这句话用述情应该怎么说，组织一下语言，毕竟很多人以往都是更习惯讲对错，现在需要讲感受，肯定需要刻意地切换一下，所以，需要思考几秒钟才能说出来，就好像是不会说话了一样。

但这个情况一般也就持续两三周而已，过了这一周期，述情就变得非常自然了，往往能在第一时间就说出来。不过，有没有失语期的出现，倒是可以衡量一个人有没有用心在练习述情，因为用心练习述情的人，基本都会出现失语期。

第十一章
六句话练成述情高手

述情是用不伤害关系的方式表达出自己真实的需求、感受和想法，情感关系里只要使用这样的方式去跟对方沟通，就不会轻易伤害到两人的关系，但可以达到有效沟通的目的。

练习述情，在打好前面说的两项基本功后，可以从下面的六种句型开始尝试。刚开始可能感觉像是鹦鹉学舌，说话自己都有点不适应，但只要坚持一下，慢慢就熟练了，熟能生巧，时间久了自己就可以组织句型来随意述情了。

我还清楚地记得我第一次刻意地述情时的场景。

当我意识到述情的重要性后，我决定先在自己的生活中实践一下，看看效果到底如何。

那天，我下班回到家里，看到我太太做了我最喜欢吃的凉拌面，我组织了一下语言（我还在述情"失语期"），对她说："回到家里就可以吃到我喜欢吃的面条，我感觉太幸福了。"

她说："哦，原来让你幸福是这么简单啊，那以后没事就让你幸福！"

以后的日子里我吃到喜欢吃的饭菜的概率也越来越高，我们两人的关系也越来越好。

所以，想要练习述情并转化为自己的能力，你需要有第一次的突破，当你一次、两次、三次地突破自己，并看到自己述情后的效果，慢慢地就会愿意更多地使用这样的沟通方式。时间久了，当你在述情时你可能都意识不到自己在述情，因为述情已经成为一种本能的沟通方式。

在接下来的内容中，我把述情的六种句型——分解开来介绍一遍，方便大家练习，但一定不要觉得只有这些句型才是述情，只要你使用的语言是不伤害关系的方式，又表达出了自己真实的需求、感受和想法，就是述情。

让你得到更多爱的一个句型

句型一：当你心情不好的时候直接告诉对方。

我知道很多人在生活中的习惯和这个句型是相反的，比如我们常说"报喜不报忧"，很多人的信条就是不要把负面情绪带回家，就算自己在外面再痛苦，也不在家人面前表现出来，觉得这样的自己才是负责任的自己。

可如果自己内心很痛苦，又刻意隐藏的话，爱人怎么能知道你心里想的是什么呢？

当人的内心痛苦时，是极其需要人来安慰和理解的，就像孩子在外面受了委屈或欺负，回家找妈妈述说一样，情感关系中有痛苦的一方是需要对方像妈妈般地呵护的，当爱人感觉不到你内心的痛苦时，也就不知道你是需要呵护的。

我们很容易想象出这样一个场景来：

老公在单位受了委屈，内心很痛苦，但回到家里时，为了不让自己的心情影响到爱人，他进门后看到老婆的一刹那，还是把自己的委屈压抑到了内心，然后装作很高兴的样子跟正在看电视的老婆打招呼。

全部注意力都在电视剧里的老婆当然对老公心里的委屈全然不知。所以，她还像平时一样对待老公，坐在沙发上边刷手机边看电视，指挥老公给自己在冰箱里拿完水果，又让老公去厨房烧自己喜欢吃的菜，一点儿也没有照顾到老公的心情。

老公在厨房里烧菜，心里的委屈更加严重，心想在单位里领导不理解自己，回来老婆也没有能够注意到自己，还对自己使来唤去的，心情更加不好，感觉到老婆好像不爱自己，她只爱她自己。

就是这样，当老公心情不好时，不告诉老婆，注意力不在老公身上的老婆就可能照顾不到老公的心情，还会向老公继续索取关怀。这样就可能会使老公的心情更加不好，既不利于老公从坏心情里走出来，还可能影响到两人的关系。

想象一下，如果老公把自己心情不好的事情告诉了老婆，老婆可能马上会从沙发里站起来，给老公倒一杯水，然后耐心地去询问老公发生了什么。更不会使唤老公为自己洗水果、烧菜，而可能是自己去做这些事情，以此来安慰老公受伤的小心灵。

在职场中，职业的素养要求我们不要把自己家里的事情带到工作中。即使你心情再不好，面对客户时也还是要面带笑容，这被称为职业化。其实就是要我们在工作的时候即便有负面情绪也要压抑起来，这已经让人很累了。

如果回到家里，我们还是保持着这样的职业素养，不把单位里的负面情绪带回家，那就是说让我们回到家里也不要放松自己，也要很累地生活在家里，那还有谁愿意回家呢？家不就是让我们放松、休息、调整自己的地方吗？

所以，如果你的心情不好，在见到爱人时，可以试着告诉他（她），他（她）就有可能会照顾到你的心情，更加呵护你。这样才能让你更快地从负面情绪里出来，也会让你的爱人更加理解你，会给你更多他（她）的爱。不要怕影响到他（她），作为你的爱人这很可能是他（她）愿意做的事情。

所以，当你心情或状态不好的时候，请告诉你的爱人。

比如：

我今天工作太累了！

我今天心情不是很好！

我今天感觉很失落！

让对方越来越懂你的一个句型

句型二：当对方令你感受不好（或好）时，告诉对方你的感受！

在前一章情绪管理的内容里，曾经介绍过每个人身上可能都有一些情绪按钮，当有人触碰这些情绪按钮的时候，你可能就会有情绪，尤其是自己的另一半。如果对方知道了这一点，就可能会很注意，不会轻易触碰到你的情绪按钮。

因此，你需要通过这个句型来告诉对方，你对他的某些行为或语言有不好的感受，让对方以后尽量注意，不再重复这些行为或语言。

或者说，对方的一些行为或语言之所以给你带来了不好的感受，是因为你的特殊性，你接受不了某些行为或语言，你需要告诉他你的这个特点。

比如：

自从我跟我爱人说："当我听到'谁谁跟你说了什么'时，我就会有一种莫名的心烦，我想是因为我小时候的那段经历导致的，可不可以以后不要问我这句话。"

从此她就非常注意了，几乎都不再问我这句话，有一两次她忘记了我的交代，又问起来，但话说到一半，刚刚说了"谁谁跟你……"就停掉了。

实际在生活中，爱人如果做了一件事情或说了一句话，自己感觉到很不舒服，人们通常有两种做法，都是容易伤害到关系的：

一些人是忍着，把不舒服的感觉压抑到内心深处，委曲求全。

比如：

爱人吃了有异味的食物，还来吻你！你承受不了那气味，很不舒服，但你选择了忍着。

看起来你是个能忍的人，但这样做对方可能就不知道你对这些味道是接受不了的，下一次他可能还会这样做，所以，你也许会很多次地承受这种很难闻的气味。

等有一天你实在无法承受，你可能对他大发雷霆，这时他就蒙了，他会想不明白，为什么以前你都能接受，而这次你就接受不了呢？他甚至会联想到你是不是外边有人了，不再喜欢他。如果真是这样的话，对你们的关系影响就大了。

还有一些人常用的方法就是发飙，指责或抱怨对方，甚至攻击对方，这样的人可能会这样说：

"滚！臭嘴，熏死我了，别碰我！"

这样说完内心是很爽的，但可能会伤害到对方，让对方感觉你不接纳他，对你们的关系可能会有伤害。

因此，这两种方法都是不可取的，最好的方法是告诉对方你的感受，使用述情的两个基本功：事实＋感受。

事实：你吃了大蒜后来吻我！

感受：有一股大蒜味，很难闻！

既把事实讲清楚了，又不会伤害到对方，因为你只是告诉对方你对大蒜的感觉，而不是对他，他就不会受到伤害！当然实际的述情中可能不会这么书面化，而只是简化为一句"好大的蒜味儿"即可。

再来看我对我太太讲的那句话中的事实和感受是什么。

事实：我听到"谁谁跟你说了什么"这句话！

感受：我就会有一种莫名的心烦。

讲出了我对这句话敏感，而不是对她反感，所以，她会调整自己的做法，以后不再问这样的话。

再来看前面提到那位分到两室一厅房子的学员，她给领导述情时的事实和感受分别是什么。

事实：别人分的是两室一厅，而我分的是一室一厅！

感受：我感觉到很委屈！

只是描述事实加感受，并没有指责领导这样做不公平，所以领导才会照顾她，给她调了一套两室一厅的房子。

述情就是这样：只说事实＋感受，就能起到很好的效果，既让对方明白了你的感受，又不会伤害两人的关系，是在情感关系以及各种人际关系中的最佳沟通方式。

稍后你可以找人做做练习尝试一下：

回想一下，找三件有人做了令你感受不好的事情，使用事实＋感受的方式，告诉他。

1. 事实：_____

   感受：_____

2. 事实：_____

感受：_____

3.事实：_____

感受：_____

还有一种情况，就是当爱人做了一件令你很开心的事情时，也就是说这件事情是你很希望他做的，你也需要使用这个句型，来告诉他你很喜欢他这样做。他的这种行为就会慢慢地越来越多，你就会有越来越多的幸福和开心的时刻。

就在昨天傍晚，我回到家时，我太太正在做饭，我赶忙到厨房跟她一起做，她洗菜，我切菜、炒菜。我们一边做饭，一边交流儿子的学习情况，饭做好之后，她跟我说："我们两人在厨房一边做饭一边聊天，我感觉非常开心！我很喜欢这种感觉。"

而其实，你知道我为什么到家就会进厨房跟她一起做饭吗？就是因为我以前这样做时她说过这样的话，我知道我这样做她会很喜欢，所以才到家就赶快进厨房的。

当你的爱人做了一件你很喜欢的事情时，如果你不及时说出你的感受，强化一下，他就不知道你是很喜欢他这样做的，以后这样的行为就可能不会太多出现，而你说过之后，这样的行为可能就会越来越多。

当然，这时的句型也是一样的，事实＋感受。

看到这里，你可以找身边的人练习一下这个句型，当他们做了令你高兴的事时，告诉他们你的感受。

1．事实：＿＿＿＿＿＿＿＿＿＿＿＿＿＿＿＿＿＿＿＿
 感受：＿＿＿＿＿＿＿＿＿＿＿＿＿＿＿＿＿＿＿＿

2．事实：＿＿＿＿＿＿＿＿＿＿＿＿＿＿＿＿＿＿＿＿
 感受：＿＿＿＿＿＿＿＿＿＿＿＿＿＿＿＿＿＿＿＿

3．事实：＿＿＿＿＿＿＿＿＿＿＿＿＿＿＿＿＿＿＿＿
 感受：＿＿＿＿＿＿＿＿＿＿＿＿＿＿＿＿＿＿＿＿

让你由强势变温柔的一个句型

句型三：告诉对方你的需求，而不是解决方案。

我儿子两三岁时，我家有一台我以前工作中淘汰下来的台式电脑，显示器是那种笨笨大大的老式显示器。这台电脑放在家里没什么实际用处，我们有时会用它给儿子放些儿歌或动画片，偶尔也陪儿子玩一些简单的游戏。

有一天晚上，我看到儿子自己打开了电脑，找到了系统自带的弹球游戏在玩，眼睛几乎都要贴到显示器上去了，我很担心这样对他的眼睛、健康有危害。矫正完儿子的坐姿后，我走到客厅跟我太太说了一句话："我明天要去中关村买个

187

液晶显示器！"

她马上大声反驳："你是不是钱多得没地方花了？我们都有笔记本电脑，买什么液晶显示器？"

看，她开始攻击我了，好像是她不够有耐心。没错，她的耐心是差了点儿，但我说的这句话是很容易让她不理解我的，因为我只是说出了我的解决方案，而没有说出我的需求。

这就是我们很多人平时说话时存在的问题，总是把自己的决定，或者是解决方案说出来，而不说出自己的需求，这样对方就很容易理解错我们的意图，进而产生误解。

我意识到我没有把需求说出来之后，我马上调整自己的语言，把需求告诉她："儿子在玩电脑，我担心这种老式显示器有辐射，眼睛也离得太近。"

当她明白了我的需求是对儿子的眼睛、健康有所担心时，她说了一句话，让我对她很是佩服。她说："那还不简单，把这台电脑收起来，不给他玩了就是了。"

因为她的解决方案确实比我的更好，换个液晶显示器可能辐射会小些，对视力的影响也小些，但可能就是因为我们认为影响小了，反而他再玩电脑时不去管了。

这样一来，他玩电脑的时间可能更多，对眼睛的伤害不但没有降低，反而可能会更大。所以，后来我们采取的解决方案是把那台旧电脑收起来，不再摆在写字台上。那几年，儿子就很少再玩电脑了。

当我们自己只说解决方案时，它不一定是最优的，而对方却只有同意和不同意两个选择。当对方的选择是不同意时，我们就容易感觉对方不理解自己。其实，这个不理解也是我们自己制造的，因为我们没有把需求讲出来。

所以，跟爱人的沟通中，要经常把自己的需求讲出来，对方就会跟你一起来探讨解决方案。如果当时我直接讲的是我的担心，也就是我的需求，我太太就会跟我一起探讨怎么来解决这个问题。而我直接给她说出了我的解决方案后，她就只有选择同意还是不同意我的方案。

一个人是强势的，还是温柔的，其中的一个重要标准也是在说话上，看这个人是经常说出自己的解决方案，还是经常说出自己的需求，需求往往就是我们的感受。

那些常说出解决方案的人，给人的感觉是强势的。而那些说出需求的人，总是给了对方商量的机会，甚至是对方来主动满足自己的机会。

感受一下这两句话，看有什么不同的感觉？

1. 给我倒杯水！

2. 我渴了！

前一句是解决方案，感觉像是在命令对方，而后一句只说出了自己的需求，对方可能会说："我给你倒杯水去！"

当然，如果对方很忙，他也可能会说："你自己去倒点水喝吧！"语言中多少也有对你关心的成分。

说出需求还是解决方案，是非常重要的一个述情句型，我们可以再来感受一些例句：

1．我们出去吧！

2．我有些闷了！

前一句是解决方案，容易引起对方的不理解，对方很容易说："出去干什么？"但如果你是说了后一句"我有些闷了"，对方反而可能会说："要不我陪你出去走走？"

还可以把需求和解决方案同时说出来，前面说需求，后边说解决方案，这样也很容易被对方理解。比如："我有些闷了，我想出去走走！"

一个人如果经常使用这样的句型说话，对方是很容易理解和支持自己的。反之，如果有时别人不理解自己时，也可能是自己导致的。所以，在情感关系的沟通中，我们要使用这样的句型，降低别人误解我们的概率，也降低两人争吵的概率。

这个句型其实反映出的是一个人的自我暴露程度，在爱情的关系里，愿意自我暴露需求的人，才是好相处的人。

从愿不愿意暴露自己需求的角度来看，人有三种：

暴露程度	具体行为	举例：在家吃完饭	带给别人的感受
第一种人：不说需求，也不说解决方案。	直接做事，不商量。	直接出去了，什么也不说。	容易使人愤怒。
第二种人：说解决方案，但不说需求。	说要做什么，但不说为什么这么做。	说"我出去一下"。	容易让人觉得莫名其妙。
第三种人：说需求，有时也说解决方案。	告诉别人需求，跟别人商量怎么解决。	说"我吃得太饱了！"或加上"出去走走"。	容易被人理解和支持，好相处。

现在，试试将下面的句型转换成述情的句型：

例：

解决方案：我们回家吧！

需求：我累了！

需求 + 解决方案：我累了！我们回家吧！

小练习：

解决方案：陪我去买衣服吧！

需求：（买衣服的原因，你的感受）＿＿＿＿＿＿＿＿＿

需求 + 解决方案：＿＿＿＿＿＿＿＿＿，亲爱的，陪我去买衣服吧！

解决方案：今天你做饭吧！

需求：（为什么需要对方做饭，你的感受）＿＿＿＿＿＿

需求 + 解决方案：＿＿＿＿＿＿＿＿＿，亲爱的，今天你做饭吧！

让你瞬间增强个人魅力的一个句型

　　句型四：说出你喜欢的，而不是你不喜欢的。

　　生活中我们会经常遇到这样的人，说话时说出来的都是自己不喜欢的，就是不说自己喜欢的，这样的人让人感觉很难相处。

　　比如：

　　约会时去饭店吃饭，上来几个菜，对方指着其中的一个菜说，"这个菜我不喜欢吃"，一会儿又上来几个菜，他又指着其中的一个菜说，"这个我也不喜欢吃"。

　　可能这时已经上来四五个菜了，他不喜欢吃的只有两个，他说完之后你对其他几个菜的胃口也会受到影响，并且会对这个人有些反感，觉得这是一个挑剔的人。而这些是由于他说话的句型导致的。

　　在桌子上的菜中，可能两人都会有几个自己特别喜欢吃的菜，有几个特别不喜欢吃的菜，他如果指着其中一个自己喜欢的菜说："我很喜欢吃这个菜！"就是不提那个自己不喜欢的菜，我们对这个人的感觉会很不一样。

　　总是说自己不喜欢什么的人，给人的感觉很消极，这是因为我们的潜意识是排斥那些消极词汇的，比如"不喜欢、讨厌"等，常说这些话的人也会被我们的潜意识排斥。而总是说自己喜欢什么的人，给人的感觉是很热爱生活的，我们会感觉这样的人很好相处。

特别是对方说的那些消极的词是指向我们时，我们会更加不舒服。

比如：

你穿了一件新衣服，你的恋人看到后说你这件衣服不好看，你可能就会有不舒服的感觉。

现实中很多人都会这样说话，这样的人要想变得有魅力和好相处，只需把自己说话的句型改过来，说出自己喜欢的，而不是自己不喜欢的。

比如：

他可以说："你穿那件衣服更好看！"

说的还是同一件事情，只是句型变化一些，你的感觉会很不同，这就是述情的魅力！

同时，当一个人总是说自己不喜欢什么时，他并没有告诉你他喜欢什么，你就不知道如何才能满足这样的人，所以，跟这样的人相处会有些累。

而那些经常告诉别人自己喜欢什么的人，就很容易相处。比如你知道一个人喜欢吃什么样的饭菜，请他吃饭时就很容易安排饭店；你知道一个人喜欢什么样的礼物，给他送礼物时就很容易送到他心里去；你知道一个人喜欢玩什么，陪他玩时就很容易安排项目。

那些不经常说出自己喜欢什么的人，讨好他你都不知道如何做到，更不要说爱他了。

所以，在情感关系里，我们需要通过经常说这个句型，让爱人知道我们喜欢什么、想要什么、向往什么，这样不但他感觉舒服，而且知道如何做就能令我们开心！

这样你就是一个有魅力而又很容易爱的人，跟你相爱的人就会很轻松，你们的关系就很容易经营和维护。

现在回想一下，你平时都是怎么说话的？是说自己不喜欢什么的多，还是说自己喜欢的多？

下面的练习，可以帮助你养成说出自己喜欢什么的好习惯，试着把下面的句型转换一下：

例：

原句型：我不喜欢吃咸的食物！

述情：我喜欢吃清淡的食物！

小练习：

原句型：我不喜欢嘈杂的环境！

述情：_____

原句型：我不喜欢看肥皂剧！

述情：_____

原句型：我不喜欢在大城市过春节！

述情：_____

让老公甘愿洗碗的一个魔力句型

句型五：使用"可以"替代命令。

在情感关系里，我们还经常会有希望对方为自己帮忙的情况，这个时候，自己说的话是使用什么样的句型，将影响到对方是否愿意帮忙。

比如：

你对你的爱人说："亲爱的，去把碗洗洗！"

他（她）可能马上会说："为什么啊？"或者"不洗"。

这个结果不是你想要的，因为你用的是命令的语气！对方感觉爱人之间本来是平等的，为什么你不洗碗，而要命令他（她）洗呢？

但如果你这样说话，效果可能会很不同。

你对他（她）说："亲爱的，可以把碗洗洗吗？"

一般这样说时，对方内在的声音是"可以"，因为你给了他（她）选择的权利，他（她）可以去也可以不去，他（她）会感觉他得到了足够的尊重，这是每个人都需要的。因此，他（她）去洗碗的概率会很高，即便不去洗，也可能会告诉你他（她）的理由。

所以，在你希望爱人做些事情的时候，尽量使用请求的语气，句型里边加上"可以"二字，并且以问号结束。

前面提到的那对我的朋友夫妻二人，我春节去他们家时，当老婆抱怨完老公从来都不进厨房后，我问她老公："如果你老婆说'老公，可以来一起做饭吗'，你会陪她吗？"

老公立即说："那当然可以了，关键是她从来没有这样说过。"

就是这样，当你是请求而不是命令时，对方会更愿意去做。

有人感觉夫妻之间有必要这么客气吗？当然是有必要的，夫妻是两个人，都需要这份尊重，双方都需要尊重对方，而不是那么不客气。

同样意思的词还有一个"能"，看起来意思是一样的，但没有"可以"的效果更好。因为"能"有两层含义，第一层是意愿，即愿不愿意帮忙；第二层是能力，即有没有这个能力。使用这个词，很容易让对方听出质疑他能力的感觉，特别是那些害怕否定的人。

比如：

你能洗碗吗？

意愿：你愿意洗碗吗？

能力：你有能力洗碗吗？

对方可以回答："能，不洗！"

"能"是指有能力洗，"不洗"是指不愿意洗。

所以，在请求对方帮忙时尽量使用"可以"，而不是"能"，以免引起理解上的分歧。

那么，如果把"可以"二字放在句子的最后呢？

"今天你洗碗可以吗？"

感觉会比命令好得多，但没有把"可以"放在前面好，因为人的潜意识反应是很快的，可能对方在听到"今天你洗碗……"还没有听到"可以吗"时，已经有情绪了，所以，最好把"可以"放在前面来使用。

不管你是男人还是女人，想让爱人做家务、接孩子，为自己辛苦一下做点事情，最好能够使用这个句型，感觉会很不一样，因为对方需要你的尊重。

这个句型，也被称为魔力句型。因为当你用这个句型请求人的时候，对方有时会像是中了魔力一样本能地在第一时间说："可以！"

我曾经有这样的体验：

一天晚上，我们一家人刚刚熄灯准备睡觉，我太太对我说："老公，可以帮我倒杯水吗？"我第一时间本能地说："可以！"并开灯起身帮她倒了杯水。

她喝完水，我刚熄灯躺下，她好像发现了这个句型的魔力，于是特意逗我说："老公，可以把地拖一下吗？"

我又本能地说："可以！"

在我身体还没有离开床的时候，她接着又说："老公，可以把衣服洗一下吗？"我发现我内心的声音居然还是"可以"。然后，我意识到了她在逗我，一起大笑起来。

人们之所以容易在第一时间本能回答："可以！"是因为这个句型给人以充分的尊重和选择权，越是在这种情况下，人们越是愿意同意。大概是因为人们愿意用自己的友好去回报这份尊重吧。

现在你可以试着练习一下，把下列句型转换成述情的这个句型：

原句型：买点水果！

述情：_____

原句型：扫一下地！

述情：_____

原句型：陪我出去逛街！

述情：_____

然后，你可以在晚上上床休息的时候，试试这个句型的威力，你可以刻意对你的爱人说："亲爱的，可以给我按摩吗？"看看有什么反应。

如果你还单身，也可以与生活中可以接触到的人练习试试，比如饭店的服务员，在你着急赶时间吃饭时，可以对服务员说："我时间有点紧张，可以帮我介绍点速度快的菜吗？"

让沟通效果迅速提升的一个句型

句型六：说出"我希望"，不说"你应该"。

我曾经参与过某卫视推出的一档为夫妻婚姻加油的电视栏目，栏目请来的嘉宾都是已婚的夫妻，其中有一个环节是让双方互相跟对方说："我希望你……"

这是个很棒的环节，因为这是一个很重要的述情句型，通过这样的述情可以让夫妻彼此更加了解对方想要什么。进而知道自己如何做对方会满意，其达到的沟通效果是非常好的。

但在生活中，人们一般喜欢说出的不是"我希望"，而是"你应该""你应该知道我想怎样！""你应该早点回来！""你应该多挣点钱！"等。

"你应该"和"我希望"有什么区别呢？

虽然说的可能是同一件事情，但效果有着本质的不同。"你应该"是从"正确的事"的角度在讲，是讲"理"的，意思是对方应该这样做，这样做是对的，不这样做是错的，是在讲对错。几乎人人都不愿意被否定，每个人的对错标准也会不一样，对方很容易跟你争论。

但"我希望"则不一样，"我希望"没有说对方不这样做是错的，没有评价对方。只是告诉对方我很希望你这样做，意思是这是我需要的你爱我的方式，是从"愉快的事"的角度在讲，是讲"情"讲"爱"。

做"你应该"的事情，对方的感觉是屈服，而做"我希望"的事情，对方的感觉是因为他爱你。

比如：

你应该早点回来！

对方听到这样的话，内在的声音可能是"谁规定我就应该早点回来"，或者"我晚点回来，难道就错了"。

但如果你说"我希望你早点回来"，对方的感觉是你的情感需求上想要他早点回来，如果他早点回来，那就是来满足你的需求，是爱你的体现，所以，就很愿意早点回来，来让你感受到他的爱。

述情的魅力就在于此，同样的话，用不用述情，在情感关系里达到的效果非常不同，这是因为情感关系里讲"爱"

要比讲"理"好。

除了使用"我希望"，你还可以使用"我喜欢"，效果也是一样的。

比如：

你应该知道我在想什么！

听到这样的话，对方内在的声音可能是"凭什么我就应该知道啊""你不告诉我，我怎么会知道你想什么"等为自己辩解的语句，这是因为你这句"你应该"否定了对方，他要反击。

而如果你告诉他：我喜欢你能知道我在想什么，对方可能就会经常注意你在想什么了，慢慢地随着他对你的了解，他就真的能经常知道你在想什么了。

除了"我希望""我喜欢"，有时候用"我想"也可以，都是表达自己内心的感受。

"你应该"是在评价对方，潜台词是对方应该做到而没做到，听起来还有点像指责。"我希望""我喜欢""我想"则暗示对方如果他那样做了你会感觉他很爱你，所以前面是接受你的指责（也有点屈服的感觉），后一个是为了证明爱你。

总是说别人"应该"如何的人，头脑中有一个自己认为正确的世界，只要别人的行为不符合他的这个世界，就觉得别人不对，这是自我和控制的体现，也是情感关系里的大障碍。

很多夫妻的关系中都会出现一些问题，当不明白这些述情句型时，不少人会认为都是对方的问题；当真正理解了述情的各种句型后，其实会发现很多时候，两人之间的问题跟自己的语言表达方式是有关系的。

能够很好地述情的人，对方很容易理解你，很容易知道如何做你就高兴，如何做是你不希望的，就会感觉你很好相处，你就成了一个很容易爱的人。

当然，这里只是列举了述情的六个句型，在实际的生活中不可能这么教条地运用，而是要把几种句型合到一起用，会显得更加自然和流畅。

也不只是这六种句型才是述情，只要你使用的是不伤害关系的方式，表达出了你的需求、想法和感受，这样的语句就都可以说是述情，即便是语气中带有情绪。

第四部分

善解人意才会爱：

共情

第十二章
会共情，才能避免爱人有"婚外恋"

在课程中，我经常能遇到一些特殊的人，看到他们的表现，几乎可以预测出他们在以后的婚姻里，婚姻出问题的可能性要比其他人高很多。

在一些课堂练习的环节中，经常会有同学因为内心积压太多负面情绪，在课堂上放声痛哭。这对于他们来说是一个很关键的时刻，因为他们打开了内心脆弱的地方，释放出这些情绪可以帮助他们从痛苦中走出来，甚至疗愈内心的一些创伤。这时的他们是非常需要被关注、理解和陪伴的。

但常常会有一些这样的人，在其他同学还非常痛苦地哭

205

泣的时候，他们在旁边谈笑风生，讲些与这个同学毫无关系的事情，或者自由自在地吃东西。仿佛那些在他们面前痛苦地哭泣的同学不存在一样，他们一点也感觉不到那些同学的痛苦，或者对同学的痛苦，他们一点也没有理解的感觉。

这些人几乎感受不到别人的感受，不能理解别人的内心，是极度缺乏共情能力的人。在以后跟爱人相处的过程中，他们就不能理解爱人的内心世界，这本身就会使得他们的亲密关系困难重重。因为缺少被理解，他们的爱人也很容易去寻求别人的理解，婚外恋产生的概率也会非常高。

共情的能力低，对于情感关系的经营是件很危险的事情，因为在情感关系里，被理解是每个人在亲密关系里最重要的需要之一。

人人都想要个会共情的爱人

我曾经多次问过一些未婚男性：你们找女朋友最重要的三个条件是什么？

我得到最多的答案是："年轻漂亮，温柔贤惠，善解人意。"

找对象时，男性对女性的要求中，一般都少不了"善解人意"这一条，而女性也会要求男人能够懂自己，也就是要求男人能够理解自己，这和男人要求女人要"善解人意"是一回事。

那么什么是善解人意呢？善解人意又有什么用呢？

善解人意的能力其实就可以理解为共情的能力，就是可以理解到对方的内心感受。特别是当对方内心有不好的感受时，善解人意的人会让爱人感觉到被理解、被支持。基本上大家都愿意找这样的人做爱人，每个人都渴望找到一个有着很强共情能力的爱人。

我的一个朋友快要当爸爸了，当他刚知道这个消息后非常兴奋和开心，对老婆也更加关心了，但尽管如此，他还是很快就遇到新问题了。

他说，自从老婆怀孕之后，不知道是不是对她太好的缘故，她慢慢变得更加任性和不讲道理，想吃什么就得吃什么，想喝什么就得喝什么，并且得马上去买，晚买一天都不行，否则就又吵又闹。

有一次是在冬天的夜晚，两人已经睡了，老婆忽然就想吃草莓，要他起床去给她买。他觉得这又不是生病了要马上吃药，明天吃不一样吗？干吗半夜去买？又困又冷不说，也不知道这么晚了哪里还有卖的？

但老婆坚持要让他去买，他就觉得她太任性了，简直不讲道理，两人为此吵了一架。他很痛苦，找到我诉苦。

其实，他不知道，女人在怀孕乃至生完孩子的一个阶段里，一方面由于怀孕、生孩子、养孩子都是非常辛苦的事情，另一方面因为怀孕，内心也本能地发生了一些变化，会发生一定程度的退行，变得像孩子一样，这是婴儿的需要，因为只有妈妈退行到婴儿的状态，才能更好地理解婴儿。

等到孩子不再需要妈妈那么高质量的理解时，妈妈自然会从这种退行中恢复到原来的成熟状态。

在这种退行的状态里，女人会像个孩子需要妈妈的宠爱一样，特别希望自己的老公能够宠爱自己，所以，她们常常会提出一些在男人看来极其过分的要求，这是一种退行后情感上的需要，也合并了女人本身的需要。也是养育婴儿的需要，男人照顾好女人，女人才能更好地照顾婴儿。

但在有些男人看来，这是不讲道理，是任性和瞎胡闹。遇到这样的老公，女人是极其容易伤心的，感觉这个男人不理解自己，甚至感觉这个男人不爱自己。这样的状况对肚子里的胎儿也是非常不利的，一旦生完孩子，如果两人之间还是这样的状态，女人产后抑郁的概率也大大提高。

我的这个朋友，听完他的叙述后，我对他说："你下次去买买试试，看看会怎么样？"

结果后来他告诉我，当有一次半夜他真的穿好衣服准备去买老婆想吃的东西时，他老婆反而叫住了他，说你有这份心就够了，东西还是明天再买吧。

他明白了老婆要的就是他心里有她，东西并不是重要的，重要的是他愿不愿出去买，他真的愿意去买了，代表她在他心里重要，她的需要就被满足了。

自此之后，他理解到老婆是怎么回事了，也就是共情到老婆了，愿意更多地去满足她，他们的关系开始发生变化，吵架越来越少。

自己有共情的能力，爱人会感觉被爱。有个会共情的爱人，自己可以经常得到理解，而被理解是每个人都需要的基本需求。

我们都知道人是需要关系才能存在的，如果没有了关系，人就像独自一人生活在地球上一样，是非常孤独和痛苦的，一切也就变得没有意义。

但人们需要的关系，并不是名义上的关系，比如结婚了就有了爱人，看似有了一个配偶关系，但这个形式上的关系并不是人真正想要的。关系只是一个表象，人们是希望通过关系得到理解、爱、关心、陪伴、支持等内涵。

只有关系，如果关系中没有理解、爱、关心、陪伴、支持等，在心理层面上，这个关系跟不存在没有什么区别，人依然是孤独的、寂寞的，甚至内心是寒冷的。

就像是我们家家都有水管，但我们想要的绝对不是水管本身，而是水管里源源不断流出来的水，我们要的是水，生命之源。水管只是个渠道，水才是最终目的。关系也像是一个渠道，理解、爱、关心、陪伴、支持等这些才是最终目的。

拥有亲密关系，但关系里没有理解、缺少共情的话，其实也很难有关心、爱、支持、陪伴，因为关心、爱、支持、陪伴都需要有理解这个前提的，没有理解的关心、爱、支持、陪伴，并不一定是对方真正需要的。

这样的话，和没有这段关系是一样的，甚至会还不如没有，因为没有了这段关系也没有人向你索取和产生那么多的不满与争吵。

人人都需要一个可以理解自己的爱人，一个会共情的爱人。会共情，才可能会是一个好的爱人。

共情能力强的人，不但会是一个好的爱人，更会是一个好的父母，因为孩子的成长是需要父母非常强的共情能力的。

婴儿在没有学会说话之前，跟父母的沟通基本都是通过表情、动作和声音进行的，共情能力强的父母能够通过孩子的这些表情、动作和声音感受到孩子的需要，从而去满足孩子心理和生理的各种需要。

比如：

刚睡醒的婴儿躺在摇篮里乱动，可能是他感觉到了独自躺在摇篮里的不安全，渴望到妈妈的怀抱里寻求保护、感受温暖，如果妈妈能够意识到婴儿的这个需求，把他从摇篮里抱到怀里来，婴儿就立即感觉到了安全。

在安全的环境中长大的孩子，长大了会非常有安全感，相反，成长环境不安全的孩子，长大后安全感会低，难以相信人，难以建立稳定的亲密关系。

不只是在婴儿阶段，在孩子成长的各个阶段，父母是否能够敏锐觉察到孩子各种需求并满足，都关系到孩子长大后人格是否健康、内心是否强大，只不过孩子越小对孩子的影响越大而已。

不会共情，难以真正懂爱人

共情，是情感关系中双方都需要对方做的事情。共情的能力，也是双方都需要具有的能力，一旦自己没有共情的能力，爱人就很难得到来自你的共情，放心，他并不会就此打住，通常会有人自动来替你为他共情。

这是一个不断在现实中重复的老套的故事：一个男人怀才不遇，在单位里得不到领导赏识，感觉自己浑身的才华无法得到展示，内心非常地苦闷。这时他很需要老婆的理解和支持，也就是需要老婆的共情。

但他偏偏遇到了这样一个女人，当他抱怨自己在单位受到了不公平待遇时，老婆说："你抱怨什么啊？哪个领导不

211

想用有本事的员工，在单位得不到重用，还是你自己没本事。"

不管这个男人有没有真本事，老婆的这番话会让他更加痛苦，就像他被人追赶着欺负，终于跑到了一个他认为可以保护他的人面前求助时，结果这个人继续欺负他，他会怎么办？

他要么放弃努力，反正跑到哪里都是被欺负，干脆就坐在地上等着被人欺负；要么他会离开这个人，继续寻找可以保护他的人。

如果他选择了后者，这个故事的续集是这样的：

他在某个偶然的机会遇到了另一个女人，也许这个女人没有家里的老婆漂亮，也许这个女人没有家里的女人优秀，但这个女人对他说："你是一个有能力的人，但谁都有不如意的时候，现在领导没有发现你的才华是他的损失，等有一天，你遇到真正欣赏你的领导时，你会得到重用的。"

……

再后来的故事我们很容易想象了，这个男人开始不愿意回家了，他感觉自己爱上了这个女人，一场婚外恋拉开了序幕。

我们几乎可以预测这个故事会有这样的结局，并不是我们很神，而是人的内心就是这样的。当我们有些感受和想法，得不到家里人的理解的时候，除非我们走向抑郁或麻木自己的方向，否则我们就会走出家门去寻找可以理解我们的人。因为我们需要得到他人的理解，我们是社会性的动物，我们需要真正有连接的关系。

特别是男人，他们不像女人，能找个闺密好友来倾诉，他们也不太愿意通过哭闹等方式来索取，更不会去找另一个男人来倾诉内心的苦闷。所以，当他们不被女人理解时，他们找到的通常是另一个女人，这也是我在工作中反复观察到的现象。

因此，不会共情的女人要警醒，会有人主动来替你跟老公共情的。但那一天的到来，也是你最不愿意看到的场景。

男人也是一样，老婆内心如果有不被你理解的情感，她会觉得你不懂她，有些女人会选择跟闺密好朋友倾诉，但没有可以倾诉的闺密好友呢？或者闺密并不能满足她们所有的情感需求呢？她们要怎么办？

曾经有一个足以吸引绝大多数男人的漂亮女人，寻求我的帮助。她有着明星般的长相和气质，父母都是大学教授，从小受到了最好的教育，后来又从欧洲留学归来，无论言谈举止还是个人条件，几乎都无可挑剔。

她嫁的老公是一个成功的私营企业主，家里有名车豪宅，配有保姆和专职司机，购物几乎可以不用考虑价格，过着普通人一辈子也难以达到的富足生活，但她不幸福。

213

她毕业于著名的音乐学院，从小有着自己的音乐梦想，想成为一个音乐艺术家。但婚后老公却要她做全职太太，不再让她从事这方面的工作。因为老公觉得他们不缺钱，不需要老婆再出去辛苦，在家享受生活就可以了。

时间久了，她发现自己内心越来越不幸福，她希望老公能懂她、理解她，支持她在音乐方面的发展，但老公明显不理解这一切。

整天在家无聊上网打发时间的过程中，她在网上认识了一个同样是搞音乐的男性网友。对方是音乐学院的一个老师，非常理解她对音乐的热爱，鼓励和支持她继续往这个方面发展，她觉得内心很温暖。

时间久了，她发现自己爱上这个人了，但又觉得这样会对不起老公，所以，她才来寻求专业的帮助。

她的音乐梦想得不到老公的理解，在她感觉就是老公不懂她的内心，即便有再好的生活条件，她也不开心。她需要去寻找一些能够得到理解的机会，网络是一个能很好地满足这个需求的世界。

当老公不能理解她时，很简单，她一定会看似无意地"刻意"去寻找其他人的理解和支持。当老公不能满足她被共情的需求时，如果她不想就此痛苦地生活下去，她一定会找个人替代他，这是人内心的需要，差别只是她找的是谁。

　　不管是男人还是女人，我们都需要有人能够理解我们，经常与我们共情，如果我们的爱人不能，我们也会"无意"地遇到这些可以共情的人。

　　我们的爱人也一样，如果他们内心的感受不能被理解，我们不能与他们共情，他们也一定会"无意"间遇到可以跟他们共情的人，来替代无能的我们理解和支持他们。所以，想要避免你的爱人有"婚外恋"，先成长共情的能力吧。

第十三章

共情的两个基本功

接纳对方的情绪

　　共情和述情一样，也是有基本功的。缺少这些基本功，就是缺少共情的基础，在实际运用中就会做得不到位，或该运用的时候根本想不起。

　　共情的第一个基本功，是对情绪的关注和接纳，也是对感受是否良好的关注。

　　在我们的周围，有不少这样的人，别人有时心情难过在哭泣，他们会说，哭有什么用？难过有什么用？生活是不相信眼泪的，你现在不应该难过，应该去想如何解决问题。

这些人都已经快成机器般的"铁人"了，只想着解决问题，不关注对方的心情。

要知道，人在内在的情绪没有得到理解时，内心是非常痛苦的，也通常是没有能力解决问题的。我在课堂上经常提"事"和"情"，我们往往只学习了解决"事"，而忽略了关注"情"。但"情"的问题解决不了，人通常是没有能力解决"事"的。所以，我们应该遵循一个规律，就是先解决"情"再解决"事"，而不是只解决"事"，不考虑"情"。

一个离婚的妈妈，老公很早就离开了她跟别的女人跑了，唯一的女儿长大后也不听她的话。女儿本是名牌大学的毕业生，又长得很漂亮，非要嫁给一个比自己大很多、又没有学历没有钱的男人。

妈妈非常生气，下决心不理女儿，也不接受这个女婿。女儿很痛苦，来到专业机构求助，希望能帮助自己，让妈妈接受自己的婚姻。

为什么妈妈始终不接受女儿的婚姻，因为妈妈的"情"没有得到解决，妈妈的"情"到底是什么？

妈妈的脸色发白，脸上的表情极其僵硬，可以想象她的内心有多痛苦，那么她的痛苦都是哪些？

老公的离开，女儿不听自己的话，这对她也许都意味着丧失或抛弃，妈妈的心已经被两个亲人伤透了。如果妈妈内心的痛苦得不到理解、得不到释放，她就会一直坚持自己的想法。

而一旦得到理解，情绪得到宣泄，接受女儿的婚姻才能成为可能。

同时，也要引导妈妈理解女儿的"情"，女儿的"情"是什么？

一个名牌大学毕业的漂亮女大学生，为什么要找一个比自己大很多、没有学历没有钱的男人？

儿时爸爸的离开让她对父爱有一种向往，她喜欢比她大的男人，也许是在弥补缺失的父爱。

父母婚姻的失败，让她对婚姻和男人没有安全感。找那些跟自己年龄相仿的优秀男人她会没有安全感，而同时又渴望父亲般的爱，因此她要找一个年龄比自己大很多的，地位、学识悬殊很大的男人。

一般情况下，这样的男人是找不到她这样的女人做老婆的，所以找到她就像得到了宝贝一样，会倍加珍惜她，什么事都听她的，由她做主，而这样她才会觉得安全，这就是她这个奇怪行为背后的"情"。

如果妈妈能够理解女儿的这个"情"，可能就会接受女儿，甚至会更加心疼女儿。

妈妈和女儿都有"情"的需求，但都在关注"事"，所以，彼此不能理解，一旦彼此理解了对方的"情"，这个"事"也就不难解决了。

咨询师在做咨询时，是一定要共情的，而且共情能力的高低也往往决定了咨询的效果，因为不能理解来访者的感受，根本没有办法持续咨询下去。这也是先关注"情"，再关注"事"。

共情的这个基本功，就是我们在遇到一个人时，第一时间的反应是去关注对方现在的心情是怎么样的，要去觉察和感受对方的感受。这和述情的基本功中时刻觉察自己的感受是一样的，只是那是觉察自己的感受，这是觉察对方的感受。

这看起来好像矛盾了，又要关注自己的感受，又要关注对方的感受，到底要关注谁的呢？答案是自己的、对方的感受都要关注，因为两个人在一起就是要彼此都舒服，两人的感受都很重要。

只有经常关注对方的心情，我们才能知道对方的心情有些什么样的变化，当对方心情不好的时候，我们能及时地把握住机会，与对方共情。

有一个离婚后来上课的女学员，她离婚的原因是老公有了外遇。她内心一直不理解为什么自己那么善良，自己的婚姻却会有这样的一个结局。对前夫也一直心怀仇恨。

当听到课程中的这段内容时，她忽然发现自己也有责任。在她前夫事业最低潮的一段时间里，她只顾忙自己的工作，没有关注老公的心情，结果老公在网上认识了一个女网友，那个女网友非常关注她老公的心情，并且经常开导他，等自己的工作忙完后，老公却跟她提出了离婚。

不是她不够善良，而是她没有关注老公的心情，她的注意力都在自己的工作上，也就忽略了老公的心情，在老公需要理解的时候，她没有做，然后，有人就替她做了。

生活中，类似的不容易关注到对方心情的时候，还有一种情况，就是对方有一些需要，想要做一些事情，但这影响到了你内心需要的满足。

比如对方想要借钱给亲戚，而你担心亲戚万一还不起，会影响未来的生活，你就可能会说亲戚应该"有多少钱办多少事"，这是讲对错，或者你就是不借，这是想要说了算。

最好的方式，是听爱人讲讲他内心深处的需要，为什么想要借给这个亲戚？借给对方钱对他而言意味着什么？不借又意味着什么？他和这个亲戚有怎样的情感连接？

这样的沟通之后，你可能会理解他为什么想要借给这个亲戚钱。

但你还有你的需要，以及你对未来生活的计划和不安全感，你也需要把你的这些需要、担心、想法告诉爱人。

这就可能创造出一种彼此相互理解的局面，也就是把两人的内心需要都考虑进来，最后做一个兼顾了双方需要的决定，可能并不完美，但两个人都被理解和照顾到了。

结果也许是借给亲戚钱，也许是不借，也许少借点，不管是什么，会是一个双方都可以接受的结果，因为考虑了双方的需要，有对彼此的理解。

而想要经常创造出这样的局面，除了前面我们讲过的述情，还需要的就是共情，也就是理解。

如果你希望提升自己关注对方感受的能力，可以做做下面的练习：

找一个小笔记本，带在身边，时刻观察和记录爱人的情绪，并向他求证。如果你还没有爱人，你可以记录你父母的情绪，或是兄弟姐妹的，或是同事、朋友的。

例：

人物：老婆

时间：晚上七点

地点：客厅

情绪：焦躁、心烦

求证：你现在是不是有些心烦？

小练习 1

人物： _____

时间： _____

地点： _____

情绪： _____

求证： _____

小练习 2

人物： _____

时间： _____

地点： _____

情绪： _____

求证： _____

小练习 3

人物： _____

时间： _____

地点： _____

情绪： _____

求证： _____

在这个练习中需要注意，有些人会否定自己的负面情绪。你明明观察到他有负面情绪了，但向他求证时，他可能会否定，尤其对方是男性时。

比如：

你问一个男性："你好像不开心哦！"

他可能会说："没有啊！"

这是因为我们前面提到的，有些人的信念就是"喜怒不形于色"，他们不愿意被人看出自己的心情不好，所以，会自然地否定。

发生这样的事情也没有关系，因为虽然对方否定，但他依然会感觉到来自你的温暖和关怀，你所做的还是很有用的。

当然，遇到对方否定的情况时，你最好不要再追问到底或一定要他承认不开心，对方不想说时，你就不问了，等到他想说时，再跟他沟通，这也是共情。

共情，在本质上是对别人感受的理解和接纳，但有一些情况下这会变得很困难，比如：

有的人，看到别人心情不好时，会烦别人，或者觉得别人太脆弱、太矫情，这很可能是因为别人的感受会唤起他们内心的痛苦，当他们无法接受或承受自己内心的痛苦时，也就无法接纳和理解别人。

我在湖南讲课时，曾经有一个女学员看到别人哭时会非常烦躁，我请她感受一下别人的哭让她有什么感觉，她突然大声地哭了起来，并且非常痛苦，她的一个类似的伤痛被唤醒了。

这样的人需要的，是疗愈这些内心伤痛，之后他们接纳和理解别人感受的能力自然就会有所提高。

还有的人觉察不到别人的感受，这很有可能是因为注意力都在自己身上，自己有很多需求渴望得到满足。比如：一个很在意别人怎么看自己的人，跟别人在一起的时候，注意力都在别人怎么看自己上，也就很难关注到别人的感受。这样的人需要做的是先疗愈自己的这些缺失，才有精力关注别人的感受。

也有的人是人格根本没有发展到可以理解别人感受的阶段，别人在他们的眼中并不是一个真正意义上的人，而是和身边的物体一样，只是他们使用的工具。

这意味着他们的心理发展停留在婴儿早期，周围的一切人、物在他们看来都是要养育他们的环境，就像都欠他的。这样的人使用这里介绍的方法会比较困难，他们需要的是专业的心理帮助，让他们的内心再长大一些。最起码，可以把别人当成人来看待，而不是物。

准确地描述出对方的内心感受

"做一个深呼吸……"

"现在开始放松你的身体……"

"当你的身体完全放松后，请你开始回忆一件曾经给你带来很大负面情绪的事情，当你回忆起那件事情后，请努力地去找那件事情给你带来的感觉，当你感觉到那件事情给你带来的感觉后，你就点点头，我们就开始。"

《爱的能力》课程的学员看到这段话会觉得非常的熟悉，因为这是我们在课堂上一个练习时的引导语，大家就是在练习共情的另一个基本功：准确地描述出对方的内心感受。

在这个环节，我会找一个同学闭上眼睛坐好，试着回忆一件有负面情绪的事情，但并不用讲出来，然后，让其他同学去感受他是什么感受。

等那个同学想起了一件有负面情绪的事情，有了感受后，同学们就开始陆续说出自己感受到的各种情绪："生气、绝望、担心、委屈、失望、伤心、尴尬、挫败、失落、自责、害羞、后悔、沮丧、愤怒"等，同学们每说出一个词，那位同学就要与自己内心的感受做对比，然后告诉大家说得对不对。

这是一个每个参加课程的学员都要做的练习，在练习的过程中，大家几乎都会发现这样一些规律：

1．被大家说中的情绪会更明显地被感知到，随后就会减弱或消失。

2．同学们说得越准，相应的负面情绪越能得到彻底的释放。

3．当所有的情绪都被说对后，自己的情绪就基本消失了，以后再想起这件事情绪会平静得多，甚至会完全没有。

4．对那些说对自己情绪的学员有一种亲切感，感觉他理解自己；对于说错的同学有一种距离感，感觉他不理解自己。

这就是情绪的规律，从中就可以看出共情的必要性，你的爱人内心有了情绪，如果你能准确地说出他内心的感受，他的情绪就会减少，并感觉你很理解他，跟你的心与心的距离会越来越近。

你说出的情绪词越准确，他就越会感觉良好，效果也就越好，他的情绪也就消失得越快，同时也越感觉你理解他。

情绪好像一层层物质叠摞在他的身体里一样，说对一个减少一层，且每一层的情绪可能是不一样的。

这是因为发生一件事情，一个人内心的情绪很多时候并不只是一个，是很多情绪叠加在一起的，是一个情绪集团，那些被说对的情绪释放掉了，而那些没有被说对的情绪还存在。

比如：

在一次练习中，一个男人回忆起这样一个场景：

小时候，他没有拿邻居家的钱，而邻居就认定是他拿的。

他内心的感觉可能是气愤、委屈、伤心、羞愧等几种情绪的叠加。

练习时，当大家说出气愤后，他气愤的情绪就会减少，再说出委屈后，他的委屈也会减少，直至把他所有的情绪都说出来，他就会慢慢平静下来。

在生活中，如果你不能说出爱人内心的感觉，他会感觉你不理解他，你们之间有距离。而如果你能准确说出他的感受，他就会感觉自己的心和你的心很近。

共情是非常重要的能力，但我们很多人从小缺少被共情的经历，因为很多父母都是更讲对错，而不太关注孩子的感受，这使得我们缺少了体验和学习的机会。不过，现在我们可以刻意地练习来提升自己这方面的能力。

练习这个基本功的方法和前一个是相似的，当你看到你爱人的情绪处于非平静状态时，你可以使用相对精准的情绪词，去问他："你是不是有些生气？"

注意，这里有个细节，你说的词越准确，效果越好，所以，尽量使用准确的情绪词，比如：伤心、尴尬、委屈、失望、自责、无助、失落，等等，而不是永远使用"你是不是有些难过"

这样的很笼统的词。

　　还要提醒的是，越是跟你关系近的人，越有这样去关注对方内在感受的必要性，并且使用的情绪词要越精准，相反，越是跟你关系远的人，这种必要性就越小，使用的情绪词就越笼统。

第十四章
四步练成"共情高手"

　　共情是一种能力，也是一种态度，很难标准化，只要你能去理解别人，对别人的感受感同身受，并照顾到对方的心情，让对方知道你很理解他的感受，就是共情。我这样说完，可能有人知道什么叫共情了，但在遇到现实问题时，还是不知道如何共情。

　　所以，为了能让大家详细地了解并掌握共情这个能力，我在本章介绍四个步骤。在你的爱人或身边的人遇到了一些不开心的事情时，你可以试着遵照这四个步骤共情对方。

　　这四个步骤，做的时候要循序渐进地做，一旦步骤的顺序颠倒，可能就会生出相反的效果来，因为这四个步骤就是按照先关注"情"、再关注"事"的顺序进行的。这样可以保证效果，对方会有明显的被理解的感觉，在我们日常生活中，我们一般做事都是违背这个原则的。

比如：

老婆很失落地下班回到家里，老公看到老婆心情不好，会去关心一下："老婆怎么了？心情好像不好！"

"还能是什么？还不是工作上的事情！"老婆向老公叙述道。

老公继续关心："工作上怎么了？"

"我今天做错了一件事情，领导发飙了，我感觉虽然我做错了，但没有功劳也有苦劳啊，至于吗？"

老公开始表达自己的观点："怎么不至于？你做错了领导批评你，这很正常嘛！要是我是你们领导，我也会批评你！"

想象一下，如果你是老婆，听了老公的话你是什么感受？

我想很多人都是更加生气了，在单位不被领导认可，回来还被老公否定，心情当然更加糟糕了，可是老公说得好像也没有错，做错事情了领导批评你也没错啊！

问题就出在这个"没错"上，老公是在关注事情的"对错"，关注的是"事"，是"对错"，没有从"情"的角度来考虑，没有关注老婆的"感受"！

当然，关注"情"也不是让老公"拿着不是当理说"，不是去批评领导不对，或者说"我去把领导给你揍一顿"，而是去按照共情的步骤一步一步来，先关注"情"，理解到老婆的心情，再关注"事"，帮助老婆更好地去应对事情本身。

太太在单位受了委屈，怎么办？

在我家里，发生过一件真实的事情，很像上面举的这个例子。

多年前的一天傍晚，我在书房里备课。到了我太太下班到家的时间，我先是听到她的脚步声越来越近，然后听到家里的房门处传来钥匙开门的声音，紧接着听到防盗门"哐"的一声撞到墙上，但并没有关门的声音。

接下来是包"嗖"地丢到沙发上的声音，然后听到她整个人"噗"一下坐到沙发上。我感觉到她今天的心情跟往常很不一样，就赶快起身到客厅，先是把门关上，然后，再去沙发那里关心她。

"你好像很生气哦！怎么了？"我扶着她的肩膀问她。

"气死我了！"说这句话时，她明显地带着生气的情绪。

"发生什么事情了？"我想赶快搞清楚状况。

"这次我们部门竞选经理，我做得这么好，竟然没有选我！"

到这时，我才明白发生了什么事情，原来是单位竞选失败了。

我太太刚进这家公司，由于个人比较努力，很快就在业务上成了这家公司业绩最好的员工。刚好遇到这个部门缺负责人，于是单位搞了一个部门负责人的竞选，本来她挺抱希望的，结果竞选下来不是她，她有些失落和生气。

这个时候，她心情不好，非常需要我的共情和理解，我要如何做呢？

按照上面的那个例子的逻辑，我可以说"没有选你，肯定是因为大家觉得你不够优秀"！那结果可想而知，她可能会更加生气，甚至会对我有情绪，因为她觉得连我也不认可她。

我还可以说："这是他们没有眼光，你其实很有管理能力，不是你的原因！"这样她听着肯定舒服，但问题是，她很有能力为什么大家不选她？万一是因为她有些能力暂时不足导致的，我这样说会不会让她意识不到自己的问题呢？

好像我这样说也不是，那样说也不是，那我要说些什么呢？肯定不能什么都不说吧！

那么，亲爱的读者朋友，看到我这么为难，你建议我如何共情？这就当作一个练习吧！你可以尝试把你的答案写到下面，或者把书放下，想一下我怎么说会更好？最好不要去看我后边写的内容，这样有助于你理解这部分的内容。

———————————————————————

———————————————————————

———————————————————————

———————————————————————

———————————————————————

———————————————————————

———————————————————————

———————————————————————

———————————————————————

如果你写完或想完了，请注意，你先关注的是"情"，还是直接关注"事"，这将决定你共情的效果。

那么，她的"情"是什么？

当然是她落选后的失落、挫败和生气，甚至还有些委屈。

怎么关注她的"情"呢？

关注"情"就是接受她这些情绪，而不是评论她这样想对不对，那要怎么接受她的这个情绪呢？

我将在下面的共情的四个步骤里详细地描述这个内容。

第一步：接受

当一个人有了情绪后，去接受这个人有情绪这个事实，并且开始关注这个人经历了什么。

简单说，就是当你注意到你的爱人或身边的人心情不好了，你就开始去关注他的心情，并且关注的时候是以一种接纳的态度来进行的，就是你允许他心情不好。

在那些只关注"事"的人的世界，有时候是不接纳人有负面情绪的。所以，当有人有负面情绪，这些人会躲避有负面情绪的人，或者去指责有负面情绪的人，要求他们把负面情绪压抑起来。

比如：

当听到有人唉声叹气时，有的人会说："年纪轻轻的，叹什么气啊！"

在对方听来，这就是不接纳，也就会感觉到不被理解，这也就是没有共情。

要知道，每个起情绪的人，都有他起情绪的原因和理由，接纳这个人的情绪在这个人看来就是接纳他本人。不接纳他的情绪，就是对他本人的不接纳。

共情的做法是开始关注，并接纳这种情绪："我听到你刚才叹气，心情不好吗？"

这等于允许这个人叹气，并开始关注他。对方马上就感觉到了被关注，这就是共情的第一步。

在我前面举的我跟太太的例子中，我从她开门的声音、丢包的声音以及坐到沙发上的声音里，听出了她的情绪后，马上走到客厅，关上门，坐到她身边问她："你好像很生气哦！怎么了？"就是对她有情绪这个事实的接纳和关注。

做这一步，我内在的逻辑是，"我感受到了你内在的感受，允许你有这样的感受，并且很关心你的感受"。

在她内心里，她的逻辑可能是"你关注我的感受，在意我的感受，你心中有我"！

说起"心中有我"，让我想起曾经热映的电影《阿凡达》，在这部电影里，潘多拉星的那威人杀死动物后，以及与人见面后的问候都会说一句话"I see you"！

我在香港看这部电影时，我看到字幕上译的是"我看见你"！这仅仅是字面的翻译，我理解的这句话的含义就是"我心中有你"或"你在我心中"。

这部电影里隐藏了很多的寓意，除了通过"I see you"让我们心中有人以外，潘多拉星也是精神世界的象征，灵树代表精神财富，矿藏代表物质财富。

影片暗示人们在获得物质财富的同时，往往会破坏那些最宝贵的精神财富。阿凡达本身就代表人在精神世界里，现实世界里残疾的杰克在精神世界里依然是健全的，而最终他也在精神世界里永生了。

那么这部电影是关注"事"还是关注"情"？很明显，这部电影是关注"情"的，并且上升到精神的高度，鼓励人们去追求更丰富的精神世界，而不是陷在物质的世界里。

所以，我们在遇到一个人有负面情绪时，要做的第一步就是要像那威人一样，让对方感觉到"我心中有你"，感觉到我们接纳并关注他。

这个环节要注意，使用的语句一定是问号结束的——"你好像不开心？""你好像挺生气的？"这样做是因为你是在向对方求证，而不是肯定的语气，因为你不是对方，只是在猜，语气太肯定给对方的感觉是你关注的是你有没有猜对，而不是他的情绪，你在炫耀你能看穿他的心事这种本领，而不是关注他的情绪，这样的话，他的感受会非常不好。

第二步：了解

在第一步接受并关注了对方的情绪后，紧接着就是要了解他内在的感受和发生的事情。

一个人会有负面的感受，一定是有原因的，哪怕这个原因不是当下刚刚发生的事情，也许是他想起了以往的一些事情，也许是他对眼前自己的境况的一种伤感，也许是他对未来的焦虑，这都是属于负面情绪，都是需要有人理解和共情的。

比如：

前面的例子中，我太太是因为当天单位竞选部门负责人失败而心情不好，这是属于当下刚刚发生的事情。

有的人可能因为看到亲人喜欢吃的食物，而想起了已经去世的亲人而伤心，这是属于想起了以往的人。

我还遇到很多单身的学员伤感，是因为自己当前的处境，年纪不小了，却还孤单一人，为自己情感上的失败而发出的感慨！

同样会伤感过去的，可能还会是有些人想起了自己儿时的梦想，离自己越来越远而引起了情绪，内在的声音就像曾经在网络上流行的短片《老男孩》里唱的那样："……我有过梦想，青春如同奔流的江河，一去不回来不及道别……当初的愿望实现了吗？事到如今只好祭奠吗？"

而对于未来，人们一般都是焦虑、害怕、紧张、担心，等等。

这些内在的情感，都是由于发生了或想起了一些人或事而引起的。在这个时候，从共情的角度，就是要去聆听对方内在的声音，听他去诉说内在的想法和感受，搞明白对方为什么会有情绪。

并且仅仅是聆听，就会让对方有种释放的感觉。因为有些想法憋在心里无处述说时，是独自在承受，内心是非常难受的，一旦述说出来，是被聆听的人分担了，就会感觉轻松。

还记得冯小刚的《非诚勿扰》里，葛优饰演的秦奋在日本的一个教堂里忏悔自己的"罪过"吗？那本身就能对他带来很大的释放感，只不过他的"罪过"太多了，神父实在是聆听不下去了。

在现实生活里，尤其是女性，因为情感细腻且丰富，就更是有述说的需求。我经常听到有人跟我说："跟你说说，我心情就好多了！"这说明聆听本身对人就很有帮助。

所以，在共情过程中，必须先认真地聆听对方讲述他有负面感受的原因。也就是他所经历的或想到的事情，满足对方述说的需求。这样的话，愿意听对方说话，就会让对方感觉到被接受和关注。

在前面的例子中，我知道太太因为工作上的事情有情绪，我去引导她分享出来，不断地问她："发生什么事情了？""为什么生气啊？"就是希望知道发生什么事情了，好在下一步支持到她。

这一步需要注意，聆听的时候，一定要把事情从头到尾完全听完，认认真真地听，中间尽量不要打断对方，让对方感觉到完全被关注和接纳。

能做到这一点，本身就会对对方有更多了解，而理解正是来自了解。心里理解了，自然也就容易接纳，愿意聆听别人的人，更容易理解和接纳别人。

再强调一下，如果对方实在不愿意现在说，不要勉强。很多时候，对方心中的情绪稍微平复一下后，就会更愿意说了，特别是男人更容易这样。这个时候给对方点空间，等待对方想述说的时候再听他说，这本身就是共情。

第三步：表达

第三步，是整个共情的步骤中，最为关键的一步。即便前面都做得很好，只要这个步骤没有做好，基本是前功尽弃，甚至还有更不好的感觉。

很多人在听完别人的故事后，会说"你没问题的！""我相信你！""你要坚强！""加油！"这些话，然后拍拍别人的肩膀，貌似亲切关心的样子。但这些都不是共情，这些话像是在说："我并不想跟你的感觉在一起，你自己承受吧！"

这些有时还会让人感到愤怒，因为对方此刻内心真正的感受是没有被看到的，就像一个人走路走累了想要找个地方休息一下，但另一个人对他说："你可以的，你不需要休息的，接着走吧！加油！耶！"我想真遇到这种情况的话，我们可能会想骂人，因为真实的感受被生生地否定了，这和否定我们是人没什么区别。

人们需要的不是这些，人们需要被理解，怎么才能让对方感觉你是真的理解了他呢？你需要用你的语言表达出你对他的理解。

239

这一步的内容是表达，表达的是什么呢？

不是去说对方有"理"，也不是去说对方"对"了。就像我太太没有当选，我不是去说"没有选你就是单位的人没有眼光"，而是去表达出她起情绪的内在过程，基本等于告诉她"你是有资格起情绪的"。

什么叫起情绪的内在过程？每个人起情绪内在都是有个思维过程或感受过程的。

在前面我们介绍过，很多时候，理性情绪的产生是一个由事件到看法、再由看法到情绪的过程，有时就是要用你的语言表达出这个过程，并不是去说他做得好或想得对，而是像对他说的内容做一个总结。

有点像上学时老师常让做的，读一篇文章，然后总结出中心思想。一定要用你的语言，而不是完全重复他的话，这才说明你是真的理解了。

如果是本能的情绪，表达出发生了什么引发了他的情绪，也是表达出起情绪的过程。

比如说：

"你害怕在众人面前唱歌，而他偏偏让你当众唱歌，这让你觉得很生气，对吗？"

再来看我太太在单位竞选失败的案例，她起情绪的过程是什么呢？

在她给我说的话里，有一句话就是她的内在过程"我做得这么好，竟然没有选我"！

对了，就是要去表达出她的这个内在过程。注意！只是去表达出这个过程，而不是去说她是对的、别人是错的。

那么，这句话就是："你那么努力，业绩那么好，却没有当选！这让你觉得生气和失落！"

这就是我当时对她说的话，表达出她起情绪的原因，完全都是她的内在过程。没有评论她是对还是错，也没有说单位的人是对还是错。

很多人在表达对别人的理解时，会说："我理解你！"实际上这句话常常是不能让别人感觉到被理解的，别人可能会想：你理解个大头鬼！你真的理解我了就把我的感受说出来啊！

再来看本章开始时的一个案例，老婆从单位回家，因为挨领导批评而心情不好，老公说的话就没有表达她的内在过程，老公说："怎么不至于？你做错了领导批评你，这很正常嘛！要是我是你们领导，我也会批评你！"

这么说，老公就等于说老婆是错的，领导是对的。老公否定了老婆，老婆内心的痛苦没有得到老公的理解，心情会更加糟糕。

那么，老婆起情绪的内在过程是什么呢？

"虽然我做错了，但也没有错到领导要向我发飙的份儿吧！况且我也付出了劳动，我也不是故意的！"

所以，如果老公能对老婆这样说，效果会很不一样："你感觉你只是偶尔做错了一件事情，领导就冲你发飙，完全忽略了你的苦劳，也忽略了你不是故意的，所以你这么难过，是吧？"

最后一句话用问号，等待对方来确认，往往会有更好的效果。这样做的好处是万一你说的不是她本来的意思，她就会说出她真正的内在过程是什么。当不确定对方的内在过程时，用这个句型就会比较安全。

用这个带问号的句型，换成我太太那件事情也可以这么说："你感觉自己那么努力，业绩那么好，却没有选你！所以你很生气和失落，是吗？"

现在，你可以回想一下，你在前面关于我太太落选一事所做的共情练习中，是不是"表达出内在过程"了呢？如果你表达出了，那说明你真的对共情有了很深的了解了。

实际运用中，这个步骤里找到对方内在过程是个难点。因为你一边要听对方讲述事情，一边要理解其中会引起他情绪的内在过程，注意力需要非常的集中。不过，只要经常练习自己的总结归纳的水平，这个能力就会不断提升。

我们来做一个练习：

一个女学员跟我讲："有一次，我出去旅游，一不小心，钱包丢了，我就赶快给我老公打电话。结果我打了几十分钟他都没有接电话，我心里是既失望又生气。最后我还是给我妈打了电话，让她给我汇钱才解的围，你说这个男人还能指望他干什么啊？"

她起情绪的内在过程是：

_____

_____

_____

_____

_____

_____

这个练习，我不打算提供答案了，因为也没有绝对的正确答案，只要总结出她起情绪的内在过程，她就会感觉被理解。你可以把这段话说给身边的人，假设他是那个女学员，看看他是什么感受？这将会对你的练习有帮助。

第四步：启发

在共情的过程中，做完第三步，表达出了对方起情绪的内在过程，基本上对方的心情就会好很多。因为他既被接纳和关注了，又满足了述说的需求，也被理解了他经历了什么，为什么会有这些情绪，要说到这里共情就可以结束了。

但如果你愿意，你还可以做些事情，引导对方去思考，帮助他试着去理解别人，减少以后遇到类似的事情时起情绪的概率，在这件事情里他有没有还可以做得更好的地方？

还可以引导他去关注如何解决这个问题，如何面对未来。

所以，我们可以接着做第四步：启发。

启发，很像是苏格拉底的"诘问"，通过提问的方式启发对方，苏格拉底就是这样帮助人们变得更加智慧的，他说："我妈妈是接生婆，我也是个接生婆，我妈妈接生的是生命，我接生的是人的智慧，帮助人们生出他们的思想。"

启发是通过提问的方式来帮助对方进行思考，也会一定程度地"影响"到对方。

这里，我们把启发又分为两步，实际上是两个角度，不一定非要按照步骤来进行：

第一步：启发对方理解他人，或从另外的角度看问题。

特别是一些指向他人的情绪，一般人都会认为是对方做了一些事情使自己有情绪的。这个环节有时是用来启发对方理解他人，有时是用来启发对方从其他角度看问题，基本的目的都是一样的——使对方能够更加平静和客观地去看待事情。有一点和对方探讨的感觉，但并不用力和强加。

　　实际上，一般情况下，人们经历过一些有情绪的事情后，在情绪降下来一些后自己本身就会去重新思考和审视所经历的一些事，然后可能会有一些不一样的理解。

　　还记得我们前面说过的吗？情绪有时候是经看法加工而产生的，但看法本身又会受情绪的影响，在情绪下来一些后，重新去思考事情的经过，因为影响看法的情绪发生了改变，人们对事情很可能会有不同的认识和理解。

　　我们要做的，仅仅是参与他的这个思考和审视过程。做得足够好的话，就像是他在自问自答、自言自语。这本身也会让对方有被理解的感觉。但这个过程一定是对方真的想要思考的时候才进行的，如果对方不想要做这些探讨，就不要再探讨，等他想要探讨的时候再去探讨，如果他不想再提及此事，就不再提。

　　这有点像是一个眼睛里进了东西的人，一时找不到路了，你轻轻地牵着他的手，帮他找到路。这里最重要的前提是他正在找路，而不是他想坐下来，你非要帮他找路，这需要你用心感受。

　　比如：

　　那位被老板批评的老婆，在她情绪下来后，进入思考的时候，如果老公去启发她，可以这样问："以前你做错事情时，领导也这样发飙吗？"

老婆很有可能说："不是！"

老公可以继续问："那很奇怪，为什么今天他就发飙了呢？"

老婆可能就会说："最近部门业务不好，可能领导压力也挺大的！"

这样，老婆已经说出了领导今天会发飙的原因可能是最近压力大，并不是特别针对她，她就可能会更加理解领导，心里的情绪就会逐渐完全消失，并且也使她学会了去考虑他人行为背后的需求，使她更加能够理解他人。

在我太太竞选失败的事情上，在她情绪下来后，我是这么发问的："你觉得大家为什么不选你？"

她说："可能我只是业务好，精力都用在了做业务上了！平时跟大家交流得少，大家并不了解我。"

说完这句话，我看到她不自觉地深呼吸了一口气。

基本上回答完我这个问题，她已经能理解大家为什么没有选她了，她的情绪就会下来更多。这就是启发的第一步，目的就是让对方去试着理解他人，或从不同的角度看问题。

这一步的启发，基本的问题都是"为什么"。通过问"为什么"，让对方去思考他人的出发点和需求，或者看到事物发展的基本规律，而不是停留在自己的逻辑上。或者是一些例外的问句，向对方求证有没有例外的情况发生，这些问句基本是：

　　"你觉得他为什么会这样做？"

　　"为什么他不这样对其他人？"

　　"他每次都这样对你吗？"

　　"你们之间发生过什么不愉快吗？"

　　"为什么会到今天这个地步呢？"

　　目的都是让对方去做更多的思考，视野变得更宽广，看清事情的来龙去脉，这还有利于帮助其以后再遇到这样的事情少起情绪。

　　需要强调的是，这是非常理性的做法，在做这步之前，一定是对方觉得你非常理解他了，他的情绪得到了充分的理解和释放，整个人恢复了理智和平静，你才能和他探讨这些问题。否则，在他的情绪没有被理解之前做这些，只会让他感觉到不被理解，这样的话，就不是在共情了。

　　对方的情绪有没有被充分地理解和释放，是有一些信号可以帮助你做出判断的：

　　1.语速放慢；

　　2.语气中没有了情绪色彩；

　　3.露出笑容；

　　4.不自觉地深呼吸；

　　5.陷入沉默；

6. 主动表达对事情的不解和困惑等。

这些信号的出现，表明情绪已经下来了，你可以进行一些引导和探讨了。

启发的第二步：是引导对方去关注未来、关注解决方案。

发生一件事情，起了情绪也已经平复了，也能够理解他人了。接下来可以引导对方从眼前这件事情中走出来，去关注未来怎么解决这件事情。

比如：

我太太竞选失败的事情，我有去引导她关注未来的解决方案："你现在有什么想法？"

她答："我不打算在这家公司干了。"

我问："那去哪里呢？"

她答："找一家大点的公司吧！这家公司太小了，老板也不懂管理，业务经理哪有选举的，应该是按业绩产生，或者老板任命，这样选举选出来的往往都不是业务上真正好的人。"

至此，我完成了启发的第二步。让她去关注和思考未来的解决方案，不只是停留在事情中。有点用手指轻轻地推她一下的感觉，但并不用力。

启发就是这样做的，整个过程中都是提问，并不给答案，而是促使对方自己去理解别人或思考问题，进而去解决问题。

在这个过程中，你甚至有可能都不知道怎么解决这些问题，但依据这个原则你就可以启发对方，让他去思考他内心真正想要的是什么。

也只有通过启发对方解决问题，而不是通过提建议和指导的方式替对方解决问题，才可以真正有效地帮助到对方，"影响"对方变得越来越好。

以上，就是共情的四个步骤。

但是，有一点是如何强调都不会过分的，共情本来并不应该有步骤，因为这是一种态度、一种能力。写出这些步骤只是为了帮助大家更好地理解和掌握共情的内涵，在实际的运用过程中，只要你有了这些步骤中的态度，就是在共情。

这些基本的态度就是：

1.接纳对方有情绪；

2.先关注"情"再关注"事"；

3.用心聆听和了解对方到底经历了什么；

4.表达出你听后理解到的对方有情绪的原因和过程；

5.不评论对错；

6.不直接给出你的建议；

7.引导对方自己思考和解决问题；

8.不把自己的意志强加到对方身上。

第五部分

~~~~~~~~~~~~~~~~~~~~~~~~~~

全然接受是真爱:

允许

~~~~~~~~~~~~~~~~~~~~~~~~~~

第十五章
允许让你的生活少烦恼

　　在课堂上，有时我会让单身的同学写出十条择偶标准，很多人会写出对学历、身高、收入、房产、爱好、经历、责任心等的要求。

　　写完之后，我会问大家："你相信你会找到一个完美的爱人吗？"

　　"不相信！"大家通常会这样答。

　　"可你为什么写出个完美的择偶标准来？你有没有发现在你写的标准里都是对他的要求，却没有写出你能允许他有什么缺点。"

我知道，按我的要求大家当然只会写出自己的要求，因为通常我们对择偶标准的理解就是这样的，既然如此我还让大家写，是为了给大家提个醒。

　　很多人在找对象时，对对方的要求几乎是完美的，所有的择偶条件中从来没有考虑过可以允许对方有什么缺点。所以在实际找对象的过程中，一旦遇到有缺点的人，就会选择放弃，可是，哪有没缺点的人？

　　很多人不允许爱人有缺点，在找到自己认为理想的对象、沉浸在幸福当中时，会以为对方是没有缺点的，这其实是"情人眼里出西施"效应在起作用，也就是对对方的理想化。

　　在一起生活一段时间后，很快就会发现，对方原来是有缺点的，就会因此产生很失望的情绪，幸福感也因此大大降低。

　　还有些人在遇到爱人的想法和自己不一样时，不允许这种差异的存在，也会产生很大的失望情绪，甚至会因此放弃两人的感情。

　　比如：

　　一位女士很努力地在经营自己的事业，经过多年的努力已经获得了事业上的一些成功。她认为男人也应该在事业上努力打拼，但她老公偏偏是那种觉得钱够用就行了，剩下的时间应该用来享受生活的男人。

她因此认为老公是那种不上进的人，对老公开始指责、抱怨，甚至看不起，慢慢地两人的感情就完全被这样的情绪所取代，最后走向了婚姻破裂的边缘。

其实，这都是因为内心缺少爱的能力导致的，这些情况所缺少的爱的能力，就是允许的能力。

解决爱情中问题的一条捷径

允许，是爱人之间相处必须具备的能力，没有允许，就不可能有幸福。

许多爱人之间出现的影响幸福的问题，说起来也都是因为内心不允许，也就是允许的能力低导致的。

前面提过，我在刚刚跟我太太结婚时，就是因为不允许她有忘东西的特点，经常跟她吵架，等到我允许了，不但我们的关系变好了，生活中幸福的时刻变多了，她忘东西的次数也减少了。

允许，是解决爱情中诸多问题的一条捷径，也是一种能力。不管是对方和你的差异，还是对方身上的缺点，还是对方与你家人的关系不佳，只要提升自己内心允许的能力，就都有了解决的可能。

一个人看周围的人，看到的都是别人的缺点，或者总是

255

因为别人有缺点而看不上别人，其实自己有一个更显著的缺点，就是不允许别人有缺点，也就是允许的能力不够。

允许，用简单的话来说，就是包容，就是接纳，对于很多不如自己意的事情，能够包容和接纳，这不仅仅是一种生活态度，更是一种爱的能力。

但允许所包含的意境，又不仅仅是包容和接纳。包容的感觉好像是这件事情是不对的，只是因为我的心胸足够宽广，我容下这件事情了；接纳也有类似感觉。

允许的意思是说，我不去判断这些事情是对的还是错的，也不需要把这些事情装到自己的心里去，我只是允许这些事情以它本来的面目存在，不去做抗争，臣服于宇宙和自然的规律中。在这个大的规律中，她是大的，我是小的，我允许她的存在。

允许不但是解决爱情中问题的一条捷径，也是解决你和这个世界之间关系的一条通路。

允许会让神奇发生

如果你居住在城市里，而且现在恰巧在室内，打开窗户，你会听到窗外传来汽车在马路上行驶时所发出的噪声。又或者你本来就在闹市中，你当然就可以听到这些声音。这些每天都存在着的噪声，我们已经习惯它们的存在了，并没有什么特别的感觉。

稍后，你可以闭上眼睛，在心里对自己说"噪声，我不允许你的存在"，连着在心里说三遍，你可能会发现一件很奇怪的事情。

就是这些原本你并没有留意的噪声仿佛更大了，你甚至会感觉到一丝的心烦。

这是为什么？

噪声本来就存在，当你没有注意它时，仿佛它也没有影响你什么。当你注意它并在内心与之对抗时，你会发现它反而更大了，甚至会让你心烦。但这并不是你注意到了它让你心烦，而是你的对抗、你的不允许导致的。

无论你有多么的完美，可能都会有人不喜欢你，被人不喜欢是一件很正常的事情。现在如果想起那些不喜欢你的人，你心里有什么感受？

你可以暂时放下书本，试着回想一下那些不喜欢你的人对你说过的话、做过的事，用几分钟时间去感受一下内心的感受，然后再继续阅读后面的内容。

如果你心里不太好受，可能是这种不被喜欢，唤起了内心的一些自己不够好的感觉。比如，挫败、失落、羞耻、伤心，这也可能会激起你在内心对这些人的反感，用来保护你自己，

257

这样你可能会感到生气或怨恨。

现在你可以尝试在内心对自己说："我允许有人不喜欢我！"

也可以说出具体的不喜欢你的人的名字："我允许某某不喜欢我！"

连说三遍，看看内心有什么感受。

你可能会发现原来心里不好受的感觉会减轻些，甚至会消失，这又是怎么回事呢？

这都是因为不允许的事情会占据你的心理资源，影响到你的心情。而允许了会释放出这些心理资源，让你变轻松。

人活在这个世界上，不可能事事顺心，那些不如你意的事情，其实很多。如果你允许这些事情的存在，这些事情就离你而去，不会影响到你。一旦你不允许这些事情的存在，你其实就是在调用内心的能量与这些事情对抗，你马上就会受到这些事情的影响。

这些事情也马上就会占据你内心的心理资源，把你的能量消耗掉，让你失去能量，使你没有能量去做眼前的其他事情。

比如一个人没有做成功一件事情，这很正常。如果内心允许就不会再在意这件事情了，这件事情也就过去了，不再影响自己。但如果内心不允许这件事情的发生，与之做抗争，就会开始消耗掉这个人大量的心理资源，有的可能持续很多年。

比如：

曾经有一位女士，现在已经四十多岁了，可她说话和思考问题的方式让你感觉她还很小，也就不到二十岁。经过了解才知道，她曾经高考失利，这件事情似乎使她的时间停在了那个时间点上。

她高考失利了，她在内心深处不接受这个事实，不允许这个事实发生在自己身上。

虽然这件事情已经过去了二十多年，但她一直在跟这个事实做抗衡，大量的心理资源都用来与这个已经发生的事实做斗争。跟人谈话也尽量避免这个事实，晚上做梦经常做的是考试的梦，但又总是没有考过，对这件事情她打内心里是不允许的。

并且对她而言，高考之后的二十多年都是像活在梦里一样，她并没有好好地去感受，因为她没有接受那个事实，注意力都在那件事情上，这影响到了她享受当下的生活。

从这一点来说，一个人不允许过去发生的事情，心理资源被过去已经发生的事实占据着，就很难好好享受当下，也就做不到活在当下。

换句话说，一个人想要活在当下，你必须做到允许过去

259

发生的所有事情，心理资源都在当下，整个人的注意力都在当下，你才会真正地活在当下，才能感受到当下的美好。

我们的内心就是这样神奇，当你允许你生活中所发生的事情时，那件事情好像跟你无关了似的，一点都不会影响到你，你也就有能量去做其他的事情，而一旦你不允许这个事情的存在，这个事情就开始影响到你，使你失去能量。

我还接触过很多不允许一些感情变故发生在自己身上的人。

一位女士找到我，给我讲述了她老公有外遇的情况。当前他们已经分居，并且她老公已经提出了离婚，连财产怎么分、孩子跟谁都想好了。

我问她想不想离，她说不想，并且反复哭着对我说："你告诉我，我老公不会离开我的！"

听到她的这句话，我知道她接受不了这个事实，在内心也不允许这样的事情发生在她自己的身上。

可事情已经发生了，如果她不允许这件事情发生在自己身上，她就没有能力去应对老公要离婚这个事情，更难挽回老公。因为她的心理资源都被这个事情占据着，没有心情和精力好好思考如何解决他们之间的问题。

只要不允许，就可能没有能量来处理好眼前的事情。

当我看到太太忘东西时，刚开始是不允许的，因此，她一忘东西，我就开始生气、烦恼，也就想不出更好的解决方法，因为心理资源都被占着。当我开始允许这种情况的存在时，虽然她一开始并没有改变，但我内心轻松了很多，整个人也更加有耐心对待她了，慢慢地也知道如何影响她了。

允许就是这样神奇，它能给你能量，使你能够更好地处理眼前的事情。而不允许却会使你失去能量，直到你允许了，它才会把能量还给你。

允许是内心强大的象征

允许还是内心强大的象征，一个人越是内心强大，越有允许的能力；越是内心弱小，越没有允许的能力。因此，我们几乎可以用能不能够更多地允许一些事情的发生，来衡量一个人的内心强大程度。

经常看武侠片的话，你一定不少见这样的镜头：

越是武功低的人，又或者刚刚学了三脚猫功夫的人，越是听不得别人说他功夫不好，越是不能允许别人贬低自己的功夫。一旦遇到有人贬低他们的功夫，他们就会亮出家伙，跟别人干起来。

而那些真正的武功高手，他们通常身怀绝技，就算别人指着鼻子说他武功不行，他们一般也不会动手，任由别人去说。甚至面对别人的挑衅，他们有时宁愿自己吃点亏，也不轻易还手。

这充分地形容了强大的人和弱小的人之间的区别：越是强大的人越能允许别人贬低自己、否定自己。相反，越是弱小的人越做不到允许别人贬低自己、否定自己。

生活中经常有这样的人，别人其实并没有刻意否定他们，但他们往往会听出否定的意思来。这其实恰恰是因为这些人内心自卑、不够强大，不允许别人否定他们。所以，一旦别人说的话可以被理解为对他们的否定，他们就立即认定别人就是在否定他们，他们会对否定特别敏感。

相反，那些真正内心强大的人，是允许别人不喜欢自己的，也允许有人否定自己。

一位著名演员曾讲过一件事情，说曾经有人写信骂他，说他表演得如何不好，骂得还挺难听的。他不但没有生气，还很客气地给那人回了一封信，感谢那人骂他。结果那个人又给他回了一封信，说佩服他，说他太扛骂了，骂不动了。

这就是内心强大的象征，允许别人否定自己，结果不但不会受到影响，还会影响到别人。

同时，一个人越是修炼自己允许的能力，内心也就越强大，因为允许会给人带来力量，让人更加强大。

有学员曾经给我写信说："当我说完'我允许'后，我能感觉到我自己都佩服自己，内心的力量马上就增加了些！"

这就是允许的力量，也是可以用来强大自己的方法。

之后，在遇到一些不顺心的事情时，你可以在内心对自己说："我允许这件事情的发生！"看看内心的感觉会不会有些变化？

允许是工具而非标准

任何两个人在一起生活，都会有痛苦，但很多时候，导致更大问题的，并不是最初的痛苦本身，而是人们为了不去承受最初的痛苦所做的后续行为。

仔细观察亲密关系里两个人的争吵和冲突的过程，通常是这样的步骤：

1.一个人做了一件事情或说了一些话，让另一个人有一些也许并不大的痛苦；

2.为了不承受这些痛苦，另一个人会还击；

3.被还击的一方感到痛苦，也会还击；

4.两人陷入相互攻击的恶性循环中；

5.痛苦变得更大。

并且，引发这个过程的并不一定是很大的事情，可能是一件很多人生活中都会遇到的事情。

比如：

老公忘了老婆的生日。

老婆有一种不被重视的痛苦。

为了不去承受这种痛苦，老婆冲老公发脾气："你心里就没有我！连我的生日你也会忘，你根本就不爱我！"

老公感觉到被否定，他觉得事实不是这样的，前段时间还想着给老婆过生日的事，只是这两天忙忘了，反驳说："我怎么就不爱你了？不就这一次忘了吗？"

老婆："这么重要的事情你也会忘，你就是心里没我，只有你的工作。"

老公觉得自己忙了一天工作了，本来就很累，到家还被老婆指责，心里很委屈和生气，为了不承受这种痛苦，他摔门而出。

至此，老公忘了老婆生日这件事情经过两个回合后，变成冷战，两人都很痛苦。

老婆最初的痛苦是不被重视感，老公最初的痛苦是被否定感。

两人都为了不承受这种痛苦而做了一些事情，老婆攻击老公，老公还击并摔门而走。

实际上，只要承受痛苦的能力弱，生活中发生的各种事情都可能会成为冲突开始的那个导火索。如：孩子的教育、老人的赡养、亲戚的求助、出去旅游、驾车路线、购物、性生活、理财、投资、随份子、换工作、做家务、吃饭、装修、看电影、睡觉，等等。

与那些冲突不断的夫妻相比，那些相处得好的夫妻，并不一定不会发生忘了对方生日这类的事情，只是可能在事情发生后，更愿意或有能力承受痛苦，或者根本就没有痛苦；对于承受能力强的人而言，在感受上痛苦就不会那么强烈，所以，又可以说是痛苦并没有那么不可承受。

比如：

同样是老婆的生日被忘了，但老婆内心的痛苦是可承受的，并没有那么强烈，可能只会对老公说："你忘了我的生日，以前可从来没有过哦！你今天怎么了？"

没有指责，有的是通过这件事情对老公的觉察和关注，如果刚好是老公工作上遇到一些压力大的事情，就有机会启动一个共情的过程。

又或者老婆的痛苦强烈一些，对老公表达了不满，但老公在被否定以后并没有太强烈的痛苦，也就不会反驳，可能会说："抱歉！抱歉！我给忙忘了，是我的错，怎么会不爱你呢！爱得不要太深哦！来亲一个！"

循环就此被老公终结。

循环可以在任何节点被两人中的任何一人终结，前提是没有痛苦或痛苦可承受，这样两人也就不会为了不去承受痛苦而攻击对方。

就上面的例子，从允许的角度，可以说是老婆不允许老公忘了自己生日，也可以说是老公忘了老婆的生日还不允许老婆抱怨几句。

如果两人当中有任何一个人可以允许，就变成了相处得好的夫妻的情景。

区别就是：允许还是不允许？

从这个意义上看，允许就是去承受痛苦，不允许就是不承受痛苦，允许的能力就是承受痛苦的能力。

毫无疑问，不痛苦或痛苦小的人更愿意允许，痛苦大的人更不愿意允许。

内心强大的人痛苦少，更能够允许。不过，内心再强大的人，也会有脆弱的地方，遇到触碰到他们脆弱的事情，他们可能也允许不了。

所以，每个人都有允许不了的事情。

让允许不了的事情变成允许的事情，是让痛苦不再痛苦，这首先可以通过疗愈和穿越来解决。这些内容，我在"情绪管理"部分已经做了详细阐述，这里不再赘述。

这里我要说的是，对那些不允许的事情说"我允许"，也是一种自我成长的方法，像是主动去穿越内心的痛苦。

一件事情，我们不允许，是因为内心有痛苦，就像老公忘了老婆生日还不允许老婆说几句，是因为他被老婆说后会有被否定的痛苦。

如果这个时候，他愿意对自己说"我允许老婆说我"，他就立即和自己内心的痛苦在一起了。之前他反驳，是不愿去承受这种痛苦；现在他说"我允许老婆说我"，是主动去承受一下内心的痛苦。

同样的，如果老婆愿意对自己说："我允许老公忘了我的生日！"也马上就和自己不被重视的痛苦在一起了，是主动去承受这个痛苦。

这样，如果内心的痛苦也确实是可以承受的，不允许很容易就变成了允许，承受痛苦的能力也同时得到提升。

遇到痛苦，人们会本能地逃避或防御，这是人的本能，但不去逃避和防御不一定就真的承受不了。

我有一段时间腰疼，需要做中医按摩，按到疼的地方，我会本能地肌肉紧张变僵硬并屏住呼吸，按摩师对我说："你觉得承受不了，所以会紧张，你试着放松自己，去感受那种疼，看看是不是真的承受不了？"

有时候，我试着去感受，还真是没有想象的疼，也就放松了下来，我对按摩力度的承受能力也变得越来越强。

按摩师说的话，就是要我去试着允许疼痛，跟疼痛在一起，

267

这样我就不会紧张肌肉僵硬，按摩的效果更好，我承受按摩带来疼痛的能力也会得到提升。这和我们这里讲的允许是一样的道理。

允许就是试着和那些我们因为痛苦而不允许的事情和解，试着去和那些事情背后的痛苦感受在一起。这个过程，可能是痛的。

但如果这些痛苦能承受，内心会变强大，不允许就变成了允许。

如果痛苦实在不能承受，不要勉强，但得到了一次了解自己的机会，知道自己承受不了，也别为难自己，别强迫自己去允许，允许自己允许不了，也是爱自己的体现。

很多生活中我们现在承受不了的痛苦，不代表未来也承受不了，因为人是会自然成长的。想让自己承受的能力成长得快一些的话，也可以求助专业人士的帮助，因为人在有人理解和支持的情况下，承受痛苦的能力会得到提升。

所以，我们这里说的允许是一种能力，也是一种工具，一种让自己承受痛苦的能力提升、内心慢慢变强大的工具。而不是一种标准，不是说允许是对的，不允许是错的，否则，当允许成为一种标准，我们就又是在讲对错了，像是在说不允许是错的，你要允许。这除了会增加人的自责外，并不会对人有其他任何帮助。

所有我们不允许的事情，在本质上都是背后有一些痛苦，试着对这些事情说"我允许"，就是试着跟那些痛苦在一起，看看自己是否可以承受，或者提升自己承受的能力。

这是一个练习和成长的过程，就像跑步、健身一样，是让自己变得强大的过程。

所以，在后边，当我用到"我允许"这句话时，我在表达的就是这个尝试的过程，而非对你的要求和标准。

而当我说"这是我们可以允许的事情"时，我在说的是你可以试着去通过允许这件事情，让你变得强大，并不是对你的要求和标准，要不要去这样做，是由你来决定的。

第十六章
可以试着允许的事情

允许世界以它的方式存在

　　世上发生的事情中，有一些是我们必须要允许的。因为它们是大的，我们是小的，个人的力量是抗争不过它们的，与它们抗争，犹如螳臂当车，输的只能是自己。这些事情中，首先就是自然界发生的事情，各种自然现象和规律。

　　在长篇历史小说《说唐》中，描述的天下第一大力士，叫李元霸，原型是李渊的三儿子李玄霸。

　　李元霸力大无穷，两臂有四象不过之力，捻铁如泥，用两柄铁锤，四百斤一个，两锤共有八百斤，如缸一般大，天下无敌。在当时几乎没有人能在李元霸马前走上三个回合，可以说打遍天下无敌手。

就是这么一个英雄好汉，怎么死的？

小说上说是被雷劈死的。在他行军的过程中，遇到了下雨打雷，他大怒，说天为什么要在他头上打雷？把手中的锤往天上扔，结果雷电通过锤打到他，锤掉下来把他砸死了。

这就是不允许大自然，然后大自然也不允许他的存在。

虽然这只是一个故事，但这样的真实案例在我们身边太多了，近代工业的发展过程中，人类违背大自然做了那么多的事情，不允许大自然按她的规律运作，现在我们已经清楚地感受到大自然对我们的不允许了。

气候越来越反常，自然灾害频发，一些物种在灭绝，极地的冰川在融化，海平面在上升，天空被雾霾笼罩，癌症患病率逐渐增加，大自然已经有了太多的反常……

大自然，她是规律，是道。当我们不允许她的时候，她也就不允许我们了。

所以但凡自然界发生的事情，我们都可以试着去允许。不管是刮风下雨，还是生老病死，与这些相比，我们太小太小，只有允许这些事情的存在，才能更好地生活在地球上，这是对自然的适应。

271

需要强调的是，允许并不是消极对待，不是允许下雨了就不打伞，允许生病了就不治病，而是通过允许下雨、生病的发生，与下雨、生病带给我们的痛苦在一起，在心里接受这些事情的发生，这反而会使得自己的心理资源得到释放而更有力量去面对生活中下雨、生病等带来的困难。

更好理解的例子是丧失。

丧失是每个人一生都会经历的事情，也可以说是一种自然规律，包括丧失亲人、荣誉、财富、爱情、所爱之物等。丧失发生后，你如果允许这件事情的发生会让人与内心的悲伤与痛苦在一起，进入哀伤过程，然后经历一个必然的痛苦过程后会慢慢恢复心情，更好地去创造未来的生活。

但如果不允许这件事情的发生，不跟那些悲伤与痛苦在一起，不去经历这个痛苦的过程，无法进入哀伤过程，人就很可能会陷入抑郁。当然，对于不少进入不了悲伤与痛苦的人而言，主要原因还是痛苦对于他们而言太大了，他们会本能地逃避或承受不了这种痛苦，而这会带给他们更大的痛苦。

自然的法则是你不允许她，她也不允许你。我们存在于自然界，就必须与大自然和睦相处，而不是违背她的规律。

世上有很多事情，它力量比我们要大得多的时候，我们要允许它们的存在，一旦与之对抗，输掉的只能是自己。

就像面对一股巨大的潮流，你与它对抗，它可能会吞没你，你顺着它的潮流方向游，它会把你带到岸边，这就是我们面对大自然需要有的态度。

当你试着去允许这些事情时，本质上是在和自己的无助、局限性在一起，和自己的痛苦在一起，这也是在接纳真实的自己。

所以，如果你曾经有一些因为大自然的规律而不能允许的事情，可以试着对自己说："我允许这件事情的发生！"去和内心的痛苦做一个轻轻的接触。

允许过去，才能更好面对未来

已经发生的事情，是属于过去的客观事实了，我们只有允许它们的存在，才能不再受其影响，因为人们是没有办法回到过去改变事实的。

不管是前面提到的那位女士高考的失利，还是另一位女士的老公有外遇的事实，都是已经发生的事实，都是需要允许的，不能与之抗衡的，因为这些都已经发生了。

假设刚刚有人跟你相亲，没有看上你，没说几句话，对方就站起来走了。事后你想想，总是不能接受这个事实，在内心总是不允许，你的心理资源就会被这件事情占据。但你也无法改变这个事实了，因为这是已经发生的事实，所以，

273

这是可以试着去允许的事情。

父母的婚姻，也是已经发生的事情，并且先于我们的存在而发生，也是属于可以允许的事。

我们曾经的失败，不管是学业上的，还是工作上的，还是人际关系上的，都是过去的事实，都是属于可以允许的事情。

我们过去曾经做的现在想起来都觉得很不好意思的事情，在内心也可以试着去允许，因为无法改变。

人们往往会认为，允许自己会使自己放纵，不允许才能使人改变。实际上恰恰相反，渥太华卡尔顿大学对一群学生进行了一次关于拖延症的调查，这个调查持续了整个学期。

很多学生在第一次考试时推迟了复习计划并影响了考试成绩，和那些已经允许了自己、不再纠结这件事情的学生相比，那些没有允许自己、没有原谅自己的学生更可能在接下来的考试中继续拖延复习计划。并且他们对第一次拖延的不允许程度越大，下一次考试时拖延得就越厉害。

为什么会这样？原因就是不允许占据了他们的心理资源，耗掉了他们的能量，让他们更没有能量去战胜拖延，而允许的学生轻松上阵，很容易战胜自己的拖延，把注意力放在复习上。

我们可以试着去允许的事情还有别人对我们曾经的伤害。无论是原生家庭里的，还是朋友间，还是情感关系里的，已经形成事实，也无法改变，在内心都可以试着去允许。

其实，一切过去的事情都可以试着去允许，因为我们无法改变过去。过去的事情，只要不允许，就没有真正地过去，还占据着你当下的心理资源。

一旦允许了，才会真正地过去，那些事情也会把能量还给你，你才可以去更好地创造未来。

比如：

一个人丢了手机，已经丢了，也找不回来了，他很长一段时间都接受不了这个事实，脑子里总是在想："怎么就丢了呢？"老是在回忆那个场景，并且一直在为此后悔。

那么，这个人丢的就不只是手机了，还为此丢了大量的时间。

丢手机是很正常的一件事情，发生了就让它过去就是了。不然还要为此赔上大量的时间去后悔。而且在这个后悔的期间，人的状态是很不好的，注意力难以集中在当下，还容易再做错事情。

如果因为一直在后悔，在开车时不在状态而蹭到别人的车子，结果就应了一句老话"福无双至，祸不单行"。其实，这种情况下，不允许就是"祸不单行"的原因。

我们要做的是允许过去，好好面对未来，在未来避免这些事情再次发生。

简单说就是允许过去，把精力用在创造更美好的未来上。如果不允许过去，就没有能量来创造更好的未来。就像一首歌里唱的"擦干眼泪，昨天的就让它过去，激情人生才是生命的真谛，让我们坚强地走，勇敢地奔，去追逐心中的梦，无怨无悔"。

而也只有允许过去，你才能够有心情享受当下的美好。否则，你的注意力都在过去的事情上，当下再美好你都不会留意到。

就在刚才我收到一封学员的邮件，她在邮件里说：

"我才发觉，自己每天早晨其实都是听着鸟儿的叫声醒来的，它们叽叽喳喳地似乎就在轻声说：亲爱的，起床啦。我抓了一把小米放到窗台上，希望它们来吃。一种说不出来的畅快，在心里蔓延。最近睡得很好、很香，不再失眠。"

看，她开始享受到当下的美好了，之前就是因为一直活在过去的事情里，小鸟每天都在她的窗边叫着，她却听不到。

当她开始学习允许过去、放下过去时，当下有了更好的心理资源，她开始注意到当下的美好了，注意到其实每天早晨都有小鸟来叫早。

如果你愿意，试着去允许过去发生的这些事情，让过去真正成为过去。在内心，也就是试着和过去发生的事情带来的痛苦在一起，让痛苦不再痛苦或承受痛苦的能力得到提升。

允许差异的存在

全球有几十亿人口，但没有任何两个人是完全一样的，哪怕是同卵双胞胎，虽然相貌几乎一模一样，也可能会有心灵感应，但他们依然是有着很大差异的人。

同卵双胞胎，家庭环境一样，基因也几乎完全一样，所受教育一样，但双胞胎中排行老大的那个有个双胞胎的弟弟或妹妹，小的那个有个双胞胎的哥哥或姐姐。这就很不一样了，因为人在家里是排行老大还是老小，又或是中间的那个，对性格也是会有影响的。

你喜欢吃米，他喜欢吃面；你喜欢吃荤，他喜欢吃素；你喜欢运动，他喜欢读书；你喜欢赚钱，他喜欢平淡……这些都是人与人之间的差异。

人与人之间之所以有这些大量的差异，除了基因不同外，还因为我们生活环境不同、所受影响不同、经历的事情不同，所以导致了不同的性格特点和价值观体系。

人与人之间的差异，本没有什么对和错，是需要我们允许的事情，但在生活中恰恰是这些大量的差异导致了爱人们之间的各种矛盾。

而男人和女人之间本身也存在着很大的差异，男人比较

277

理性，感知能力和直觉不如女性。女性直觉很好，理性差，方位感相对会差些。

男人理性，没有女人敏感，通常也难以猜到女人心里是怎么想的，就容易觉得女人事情太多了。有些女人在遇到男人猜不到时也会生气，就会认为男人不够爱自己，这是不尊重差异的存在，本质上也是不允许差异。

有个女学员就曾经向我抱怨，说自己的男朋友不够在乎自己，原因是经常不知道自己想要什么。我问她："你告诉过他，你想要什么吗？"

她说"没有"！

我说："那他怎么会知道呢？"

"他真的在乎我就会知道啊！"她激动地说。

这就是典型的不尊重差异，男人和女人不一样，同样是男人，这个男人和那个男人也不一样。很多时候，自己的想法不告诉对方，对方可能是不知道的。

有些男人在遇到女人搞不清方向时，也会很生气，认为这个女人真笨。其实哪里是笨，这根本就是女人的特质，是和男人不一样的地方。

所以在给女人指路时不要告诉她向南走还是向北走，需要告诉她向左走还是向右走，给男人指路时则可以说向南走或向北走。这跟笨不笨没有关系，是属于男女的差异，是需要尊重和允许的。

包括在家里看电视，有的人喜欢看武侠片，有的人喜欢看美国大片，有的人喜欢看韩剧，有的人喜欢看喜剧，都是人的差异。但有人遇到别人喜欢看的节目跟自己喜欢的不一样时，却说："你不觉得这节目很难看吗？"这也是典型的不尊重和不允许差异。

有些人跟原生家庭的联系紧密些，有些人疏远些，这也没有什么对错。这是这一家人之间长期相处形成的模式，甚至是世世代代形成的家庭文化，就像每个企业的文化有差异一样，每个家庭的文化也会有差异，所以，联系得紧密些或疏远些都是需要允许的。

有些家庭人与人连接紧密一些　　**有些家庭人与人连接松散一些**

我结婚后不久，我太太就发现我俩在与家人的联系频率上有很大的差异。我基本上有事情时，或逢节假日会和家人联系一下，而她几乎每周都会跟她的父母联系。

这本没有谁对谁错，只是长期形成的习惯，我没有每周都联系一下家人，家人并不会因此有意见，大家心里还是挺关心彼此的。

不过，长期生活在一起以后，我们夫妻彼此在这一点上都发生了变化，这是相互影响的结果。那就是我跟家人联系的频率增加了，而她减少了，我们在这一点上即将形成一致了。这样以后，就形成了我们这个新家庭的文化特色。

做事业也是一样，现在社会上一般只会把那些努力工作挣钱追求成功的人认为是正确的，而那些平平淡淡、心甘情愿做好眼前工作、没有想着挣大钱的人，会被一些人认为是不求上进，或不思进取。

可为什么这些人不能这样生活呢？为什么只有挣大钱、追求成功才是对的？这是每个人对生活的理解和追求不同，每个人都有追求他想要过的生活的权利。

没有什么对和错，只是每个人对事业和金钱在理解上的差异，是需要尊重和允许的。尤其是在情感关系里，我们不能把自己的意志强加到别人身上。

当然我们可以在择偶时尽量去找跟自己在事业、金钱等价值观上理解比较一致的人，以减少在这方面的差异。

但不要指望两人之间没有差异，没有了这一项差异，也许还会有别的。更不要找了一个这样的，却希望他变成那样的。

差异本身不是问题，问题是如何看待差异，以及是否允许差异的存在。

在本质上，不能允许这些差异的存在，是因为这些差异唤起了我们内在的某种痛苦，当我们对这些差异说我允许时，也是试着和这些痛苦在一起。

允许爱人有一个成长的过程

人的一生都在成长，这也是我们可以试着去允许的事情。

那么，可以成长的事情，是些什么事情呢？

很多时候，这些事情就是我们认为的对方的缺点、对方做得不好的事情。比如有些人不会做家务，有些人自理能力差，有些人人际交往能力差，有些人学习能力差，有些人沟通能力差等，但凡人身上的一些短板，都是可以成长的地方。

我们可以允许对方有一个成长的过程，这与不允许有很大差别。不允许的时候，当对方在这些方面的能力差时，我们会指责对方，不接纳对方。而允许的时候，我们不再指责，不再抱怨，不再想着改变对方。

其实，所有人都有短板，人的短板基本都是受成长环境的影响而形成的，原来的环境中不需要他们具备这些能力或者环境制约了他们这些能力的发展，他们这些能力就没有机会得到成长。

比如，有些人在成长中父母照顾过多，没有给他们照顾自己的机会，他们就不需要发展出太好的照顾自己的能力，也发展不出来。

父母从来不让孩子参与做饭、做家务的家庭，孩子长大后做饭、做家务的能力当然就差，因为根本就没有得到锻炼的机会，没有成长这个方面的能力，做得差是理所当然的事情，不想做也很正常，因为依赖父母习惯了。

有些夫妻之间的问题往往就出在这里，在原来的家庭由于不需要这些能力，没有成长出来。而组建了新家庭以后，爱人却希望他们具备这些能力，当发现他们不具备时，就急于改变他们。

这等于环境变了，环境要求他们具备这些能力，而他们暂时却没有。

这也是他们对这个环境的适应出现了问题，最好可以给他们一个适应的过程，允许他们慢慢地发展出这些能力，而不是不接受他们，甚至指责。

一个新婚的学员向我诉苦说："我渐渐发现他有一些不好的生活习惯，做事动作特别慢，洗澡、刷牙都很磨蹭。最近我的手受伤了，不能沾水，拜托他饭后洗碗，但他洗完碗常常忘记擦桌子，桌上一片狼藉。"

是的，这就是可以成长的事情，做事慢可能就是他的特质，洗碗而忘记擦桌子也可能是原来的家庭中父母就没有让他擦过，也可能他原来的家庭里就是经常吃完饭不及时擦桌子的，也可能他心里有别的事情暂时忘了。

先不要说他这样是对还是错，在他原来的成长环境，这些都不一定是问题，原来的环境可能对他也没有这些要求。

新的家庭是新的环境，对他有了新的要求，要给他一个适应和成长的过程，也就是要暂时允许他有这些特点，然后慢慢地去影响，很可能在不知不觉中，他的这些特点就得到了成长。

又或者他的这些特点在原生家庭里也是不被接纳的，父母也经常说他慢，经常怪他干不好活，但他依然是这个样子的，这说明什么？

这说明他这些特点没有那么容易改变，或者就改变不了。

而爱人们往往总是很着急改变对方，看到对方这样就接受不了，开始评价对方的对与错，开始指责。结果这样可能让对方感觉婚姻生活很不幸福，对婚姻生活开始不适应起来。这不但不利于对方的成长，还会降低两人婚后生活的幸福感，严重的可能引发婚姻危机。

这些可以成长的事情，其实在每个人身上都有，我们每个人都可以成长得更好，但需要有人先允许我们这样，我们才能在这个环境中待着很舒服，才愿意在这个环境中生活，

283

时间久了自然就会慢慢地适应这个环境。

人人都是有成长的潜质的，但需要好的环境，也就是可以促进成长的环境。

那些没有成长好的人，儿时的成长环境不好，如果你也是不允许他的，现在的环境也不好了。好的环境，首先是接纳和允许的。

在此基础上，在与爱人的相处中，如果我们懂得一些影响的方法，对方在你的影响下也会慢慢地发生变化，等过了一段时间，他可能已经成长了很多，但他却没有任何难受的感觉。因为这个过程中，他是被认可和允许的，而不是被否定。

当我们对对方身上的一些特点不满意时、急于改变对方时，通常是我们自己的一些需要没有被对方满足，当我们对这些事情说"我允许"时，是在和自己的需要没有被满足带来的一些痛苦在一起。

比如有的人是总希望对方变得更优秀，这样感觉自己就够好了或有安全感了，当允许对方暂时没有那么优秀时，就是和自己不够好或不安全感的痛苦在一起。

这不一定真的就是无法承受的，只是我们原来本能地想要通过改变对方来回避这些痛苦，但这往往导致更大的痛苦。现在，你试着对自己说我允许，也是试着跟自己的痛苦在一起，也是试着接受真实的对方。

第十七章
允许的修炼

一辈子的功课

允许是一种能力，是一种人生的态度，更是一种心境，需要我们用一辈子来进行修炼，且永无止境。

关于允许的练习，不像述情和共情一样，可以设计成句型或步骤，这种心境是需要自己慢慢体会和修炼的。

允许本质上是调动自己内在的意念，与内心的痛苦来一个轻轻的接触，看看自己是否可以承受，并借助这个过程提升自己的承受能力，而不是继续逃避或防御。

允许与不允许之间也从来都是一念之间的事情，上一刻不允许的事情，刻意去调动意念触碰内心，发现内心的痛苦也没有想象的那么大，是可以承受的，下一刻可能就允许了。

不少《爱的能力》的学员课后分享说，在面对别人对自己的否定时，原来是不允许的，内心常常会因此起情绪，影响当下的心情。当对自己说"我允许有人不喜欢我"后，情绪马上就会下降甚至消失。然后这个事情就过去了，不再受到影响，他们也真的感受到了自己内心在不断强大。

允许的练习可以在任何时候，当发生或想起一些事情时，都可以对自己说"我允许"！然后去觉察内心的感觉，会感觉到一些轻松，这是允许后内心用来防御痛苦的力量逐渐收回来之后的感觉，长久做这个练习，自己的允许能力会不断提升。

我们本能地想要避免或防御的痛苦，不一定真的就承受不了，不一定都承受不了。

人的一生当中，即便不做允许的练习，自然而然的，允许的能力就在一直提升，有很多老年时相处得还可以的夫妻，年轻时可能是经常争吵的，内心可能也是常有不少痛苦的，但随着时间的增加，慢慢地接受了对方就是那样的人，不再介意了，其实也就是允许了。

包括对生活中很多事情，随着年龄的增长，我们的允许能力都在增长，原来不能接受的可以慢慢接受了，原来不能理解的，慢慢可以理解了。这其实也是内心逐渐强大的过程。

我们做的不过是刻意加速这个过程，让幸福来得更早些。

允许的练习：当下的事

当下发生的事情，严格意义上来说，也是过去的事情，因为你不可能永远停留在某个时间，只要过去一秒钟，那事情已经是过去的事情了。不过，这样的一些事情，虽然刚刚过去了，但通常在当下你的感受还是存在的，所以，我们可以说这些事情是当下的事情。

当下发生的事情，有些已经发生了，你无法改变事实，也可以在内心对自己说"我允许"！你的情绪可能马上就会好转起来。

我有一个广州的学员，课程结束之后，去首都机场坐飞机返回广州的时候，由于没有托运行李，安检时机场工作人员把她的护肤品扣下了。如果是以前，她会很纠结，在内心又开始否定自己。这一次，她只是对自己说"我允许"，心情马上就不一样了。

她以前的特点就是不允许自己犯错误，一旦犯错误就会责怪自己，并且很长时间纠结于这件事情。但这一次，因为她懂得了允许这个工具和方法，她就对自己说"我允许发生安检扣下物品这件事情"，心情马上不一样起来。

这就是允许的力量，当发生了与你自己内心意愿不一样的事情时，如果这事情你已经无法做任何努力，或者你努力也改变不了什么时，你可以在内心对自己说："我允许！我允许这样的事情发生在我的身上。"

你可能马上就可以从那件事情里解脱出来，不再受到它的影响，好让你更好地面对未来继续要发生的事情。

经由这一次的练习，因为与内心的痛苦有了一个接触，你的内心也会比原来更强大一点。

如果你要上台演讲，你一旦紧张的话，你可以对自己说："我允许我紧张！"你的紧张就不会再增加，你还可以对台下的观众讲"我有些紧张"！观众也会更允许你紧张了。

这个时候，你还可以继续对自己说"我允许我讲不好"！你的紧张可能就会更少了，一旦紧张变少，你可能会讲得更加精彩，因为人在情绪强烈的时候，思维会变窄，可能会有些内容一时想不起来。

在情感关系里也是一样，如果你能允许一些不如你意的事情发生，当那些事情发生时，你就会平和得多，也就能想出更多方法来应对或影响对方。

在我的学员中曾经发生过这样的事情：

　　两个人的恋爱终于要修成正果了，谈到了结婚的事情，女方的意思是要按照风俗来走一下，就是要送些彩礼。并且也说好了彩礼的金额，结果等到送的那天，男方送去的彩礼金额比原来说好的金额要少，女孩儿心里就不高兴了。

　　后来男方的解释是留下的钱是为了给女孩买首饰，首饰也应该算是彩礼的一部分。女孩儿很长一段时间就为这个事情不高兴，觉得彩礼是彩礼，首饰是首饰，完全是两回事儿。

　　这就是不允许事情的发展与自己预期的不一样，所以，事情过去很久了，两人都结婚了，女孩儿还是心里过不去，经常想起这件事情就来气。在课上问我怎么办，我告诉她："你可以试试对自己说'我允许'！看看会怎样？"

　　生活中就是会发生很多这样的事情，家家都会有，像俗话讲的一样"家家有本难念的经"。每对爱人也都会有自己的独特的不和谐的事情发生，这本来很正常。不允许了，这些事情就成了大事；允许了，这些事情就不会产生太大的影响。

　　所以很多时候，不同夫妻之间的差别，并不在于谁家的事情多或少，而是在于能不能允许这样的事情发生在自己的身上。

　　如果再遇到以前不能允许的事情时，你可以试着对自己说"我允许这件事情的发生"，借由这个允许的练习，跟自己的痛苦在一起，帮助自己的承受能力变得更强一些，让自己能做到允许或离允许更近一些。

允许的练习：过去的事

你可以找个时间，在一个安静和安全的环境当中，用一个舒服的姿势坐好。

放松自己，调整呼吸，闭上眼睛。

然后去分门别类地回想起过去发生的可能还没有被你允许的事情，当那个事情依然存在的感觉被你感知到后，对自己说："我允许！"

首先，你可以回忆与父母有关的事情，父母并没有刻意去学习如何做父母，他们也是从他们的父母那里自然而然学来的，难免会有不知道如何做或做得不够好的时候，也难免会给你带来些伤害或痛苦。但这都是过去的事情了，如果你愿意，你都可以试着去允许，想起这些事情后对自己说："我允许！"

比如：

有的同学会回忆起父母曾经否定自己的场景，现在依然内心很痛苦，这说明这些事情没有过去，可以对自己说："我允许他们曾经否定我！"

有的同学向父母要东西时，经常得不到，如果现在依然有感觉，可以对自己说："我允许曾经得不到我想要的东西！"

另外，可以去回忆起与老师同学之间的事情，上学在人的成长过程中是很重要的经历，可能会发生一些令自己当时难以接受的事情，可能是跟老师有关的。比如被老师批评，被老师嘲笑。

也可能是跟同学有关的事情，同学们朝夕相处，很容易发生一些事情。比如欺负过你，或误会过你，或排挤过你，想起这些事情后，可以在内心对自己说："我允许！"

比如：

有同学曾经因为被同学误会拿了别人的东西，而受到排挤，很长一段时间同学们都不理他，内心恨同学。现在想起来时可以对自己说："我允许他们曾经不理我！"

你还可以继续回忆起自己情感关系中的事情，在过往的情感关系中，也许有人伤害过你；这些事情都已经过去，都可以试着去允许。现在你想起这些事情后，可以在内心对自己说："我允许他曾经伤害过我！"

还有自己曾经的梦想，尽管自己做过很多努力，但可能还是没有做成，迎接自己的一直是失败，这也是可以试着去允许的事情，想起来后可以在内心说："我允许自己失败！"

不用担心对自己说"我允许"会让自己变得很消极，要知道这些都是过去的事情，你是否允许都已经发生了，不允许会丧失能量，而允许了会得到能量。你只需要在未来好好努力，创造一个更好的未来就可以了。

你可以经常做这个练习，刻意回想过去的一些事情，发现内心还有一些不允许时对自己说："我允许！"后边加上那些你想允许的事情。

你还可以在忽然间回想起过去的某件事情时，只要内心还有不舒服的感觉，就对自己说："我允许！"

下面的这段话，对于你允许的练习会有很大帮助，你可以经常读读这段话，帮助自己提高允许的能力。

需要特别再次提示的是，当你说"我允许"时，这不是一个标准，不是你允许不了也要允许，不是说不允许就是错的，而是一个提升自己的工具和方法，借由这句话，试着和内心的痛苦轻轻地接触一下，用来提升自己的允许能力。

真的允许不了，不要勉强，不要为难自己，人人都有允许不了的事情，人人都有受不了的痛苦。

我允许。

我允许我出生在这样的家庭，我允许家里所发生的一切，我允许我在这样的家庭长大。

我允许自己有这样的父母和祖先，我允许他们用他们的方式对待我，我允许他们曾经的错误，我允许他们对我所做的一切。

我允许我自己，我允许自己的成功，也允许自己的失败。

我允许曾经有人不喜欢我、有人否定我、有人讨厌我、有人误会我、有人不理解我、有人仇恨我，无论别人怎么看待我，我都允许。

我允许曾经有人伤害我、嫉妒我、打击我。

我允许有人离开我、有人背叛我。

我允许白天，也允许晚上。

我允许天晴，也允许下雨。

我允许人的出生，也允许人的死亡。

我允许成功，也允许失败。

这些事情，都可以试着以它本来的方式允许它，这样你就可以得到力量，这些事情原本占用的你的力量会被释放出来。

借由你的允许，这些事情也会离开你，不再影响你。因为一旦受到了你的允许，它就完成了它的使命，离你而去。

也允许你现在的感觉，大自然就是这样运行的，你允许她了，她才会允许你，所有的一切都开始给你带来力量，你也会有更加美好的未来。

对当下事情的允许，可以让你立即摆脱刚刚发生的事情对心情的影响，着手去关注如何创造更好的未来。对过去的事情的允许，是让过去真的过去，不再在内心影响自己，这样，才能轻松去享受当下和面对未来。

第六部分

～～～～～～～～

帮助他成长，智慧
的爱：影响

～～～～～～～～

第十八章

发现影响的奥秘：他会因你而变

在本书的开篇，我有讲过，在我结婚的前两年里，我接受不了太太经常忘东西这个特点，经常批评她、指责她，结果在结婚的前两年里，她的这个特点不但没有消失，反而越来越严重。

而当我开始允许她这个特点，不再挑剔她，看到她忘东西装作没有看到时，她忘东西的频率反而开始下降了。两个月以后，她几乎就不怎么忘了。时至今日，十几年过去了，她几乎不怎么忘东西了，反而是我有时出门后发现自己居然没有带手机或者钥匙。

我从事当前这个工作，就是从这个发现开始的，而当年我发现的，就是影响的奥秘。

什么是影响？

一个人生活的环境会对人产生一种潜移默化的作用，每个人都会受这种作用的影响，慢慢地发生变化，在中国，"近墨者黑，近朱者赤"和"孟母三迁"说的都是这个道理。

孟子小的时候，父亲早早地去世了，母亲守节没有改嫁。

一开始，他们住在墓地旁边。孟子就和邻居的小孩一起学着大人跪拜、哭号的样子，玩起办理丧事的游戏。孟母看到了，就皱起眉头："不行！我不能让我的孩子住在这里了！"孟母就带着孟子搬到市集、靠近杀猪宰羊的地方去住。

到了市集，孟子又和邻居的小孩，学起商人做生意和屠宰猪羊的事。孟母知道了，又皱皱眉头："这个地方也不适合我的孩子居住！"于是，他们又搬家了。这一次，他们搬到了学校附近。

每月夏历初一这个时候，官员到文庙，行礼跪拜，互相礼貌相待，孟子见了之后都学习记住。孟母很满意地点着头说："这才是我儿子应该住的地方呀！"

后来，大家就用"孟母三迁"来说明人应该要接近好的人、事、物，才能学习到好的习惯和品性！

孟母是位伟大的母亲，也是位智慧的母亲，她深懂环境对人的影响，如果没有她当初的"三迁"，也许就没有今天我们知道的孟子了。

心理学家曾经做过一个关于儿童模仿的研究，是让一些儿童观察成人攻击玩具娃娃的场景，结果发现，与那些没有看到过这个场景的儿童相比，这些看到过成人攻击玩具娃娃的儿童，在随后的环节中，很快地表现出攻击行为。

这也是典型的环境对人的影响，很多人在找对象时也会使用这个经验，有的女人会规避那些在有家庭暴力的家庭里长大的男人。而一些男人也有这样的信念：找老婆要看看丈母娘，因为丈母娘对女儿的影响很大。这些都是因为人们知道，环境是会影响人的。

心理学的研究也发现了跟抽烟的人在一起，人们容易抽烟；跟喜欢运动的人在一起，人们也容易喜欢上运动；跟赌博的人在一起，人们当然也容易赌博。

那么，作为夫妻的两人，是不是也互为环境呢？

当然是的，老公是老婆的环境，老婆也是老公的环境。

不管是老公还是老婆，在婚姻关系中，都会发生变化，会因为自己跟当前这个爱人在一起而发生变化。有可能会变得越来越积极向上、开心快乐；也有可能会变得消极沉闷、怨天尤人。

跟不同的人在一起生活，会发生不同的变化。

有人说："女人是一所学校！"说的是女人能够影响男人这个道理，一个男人会因为跟不同的女人在一起而有所不同。其实，男人也是一所学校，因为男人也是会影响女人的，一个女人跟不同的男人在一起生活，也会变成不同的女人。

在我原来居住的地方，邻居中有一个女人是非常懂得这个道理的。

我们去她家吃饭时，她会当着我们和她老公的面说："我老公做红烧鱼是一绝，今天你们可有福气了，我老公在家。"这样，她老公就不好意思不去厨房做鱼，等到她老公去厨房做鱼时，她陪我们在客厅聊天，其间她刻意交代我们："一会儿鱼上来了，你们一定要说好吃！这样他以后就更加有信心做菜！"

等到鱼上来时，我们就一直说："今天的红烧鱼做得真好吃。"

结果是她老公做菜的水平越来越好，而常常是当她老公在厨房忙得不亦乐乎地做菜时，她陪客人们在客厅里聊天看电视。

不管她是因为自己不想做饭还是因为别的什么，她毕竟是一个深知如何影响老公的人。也因此，她老公做菜的水平越来越好，他们家里也常常是老公下厨做饭。

这是她对老公在做菜上的积极影响，其实，如果她老公做了鱼上来，她什么都不说，也会对她老公的做菜有所影响，就是他对自己做菜水平的信心不会有现在这么高，做饭的意愿也不会有那么强。

这也就是说，无论她怎么做，都会对她老公有所影响，只是影响有可能是积极的，也有可能是消极的。

把他们的角色换一下，老婆做菜时，老公经常鼓励，或什么都不说，也会对老婆做菜的积极性产生影响。

有人说，如果你真正爱你的爱人，就不要去改变他。是的，我认同这一点，也常常强调这一点，但不可否认的是，不去改变你的爱人，这不代表他不会改变。因为只要和你生活在一起，无论你主观上想不想改变他，他都会变的，因为他会受到你的影响，因你而变。

而影响的奥妙在于，既然无论如何他都会变，而且有可能越变越好，也有可能越变越糟糕，那么，你如何做，他就会变得越来越好呢？这是你要思考的问题，以及未来要做的事情。

影响的前提是允许，改变的前提是不允许

影响和改变，目的都是希望对方发生一些变化，变得越来越好，都是希望对方成长。但影响和改变是很不同的，不但效果很不同，前提也是不一样的。

影响的前提是允许，就是允许对方暂时有一些做得不好

的地方，让他慢慢发生变化。而改变则不一样，改变是不允许对方当前的做法，希望对方马上变化。

我曾经接过几个女人打来的电话，向我求助的几乎是同样的事情：

新婚夫妇，老公和老婆的生活习惯不一样。老婆有着早睡早起的生活习惯，而老公不是，老公长年养成的习惯是晚睡晚起，甚至到了周末晚上熬到凌晨两三点才睡，早上根本不起床，一直睡到中午。

老公晚上不睡觉，要么打游戏，要么看电视，也直接影响到老婆的休息，老婆很苦恼，跟老公沟通好像有一点效果，但却达不到自己想要的早睡早起。她因此而苦恼，也影响到了她对新婚生活的良好感受。

而老公在婚前长期养成的借助看电视、打游戏来打发时间、赶走寂寞的习惯，却没有因结婚而立即改变，对于早睡早起，他们很不习惯。

作为老婆如果想改变老公，一般会跟他们沟通，当沟通效果有限时，有的会跟对方吵闹，有的干脆把卧室的门锁上，不准他再进卧室，这都是不允许的做法。这样可能会让新婚夫妻之间马上出现感情问题，影响到婚姻的质量和基础。

因为在老公的心里，自己多年形成的生活习惯，刚结婚就被老婆否定了，他可能也会有反感，感觉到老婆不接纳自己，想改变自己，他可能会反抗。

这样的话即便他认为早睡早起是有利于身体健康的，他可能也不愿意改变，因为他不想被老婆控制而失去做自己的自由。晚睡，对他而言已经不是睡觉本身的问题了，而是想要通过晚睡来争取自己有没有晚睡权利的问题。

这也是很多人在亲密关系里坚持自己的原因之一，事情本身并不重要，有没有权利做这件事情很重要。

老公的这些习惯不是一天形成的，可能是长期一个人生活形成的，也可能与内心的焦虑有一定的关系，改变起来也需要有个过程。如果老婆允许这个过程的存在，内心就不会这么着急，不着急就不会吵闹，也不会烦恼，对新婚的生活质量的影响就很小。

然后在这个过程中慢慢地去劝老公，甚至哄老公早点睡觉。当老公早点睡觉时及时地使用述情的方法强化，慢慢地老公可能就养成早睡早起的习惯了。或者在老婆的理解和允许下，老公慢慢克服了内心的焦虑，他自然也就会想要早睡了。

其实，这一幕在我和我太太之间也上演了多年。

前些年，我太太如果白天累了，她会早早地睡，以获得好的休息。而我累了，却睡不着，我通常需要看看电视，让自己发会儿呆，或转移一下注意力才能很好地休息。

一开始她接受不了我的这个做法，经常为此跟我争执。

我也很委屈，感觉自己没有了空间，连看个电视的权利都没有了。

可能是时间长了她感觉说我也没有用，慢慢地她好像接受了我的这个特点，不再说我了，累了、困了就自己先睡去了。

随着时间的推移，我找到了别的释放压力的方法，比如跑步和钓鱼，做完这些运动我一般会有些累，有时回来就想睡，也就不自觉地睡得早了。

有趣的是后来我经常早早地睡了，她却常常抱着手机追剧到半夜。

我有过这个亲身的经历，我告诉给我打电话的女学员，要给自己的老公一个转变的过程，而不是现在马上就要求对方改变，这样他会受不了的。

一般就这件事情通过电话之后，过段时间我们再通电话，她们都告诉我，自己的老公现在不再熬夜了，睡得比以前早了，她们自己也比以前睡得晚些了，两人都做出了一些妥协，夫妻二人的作息时间基本统一起来了。

这就是允许，允许对方有一个转变或成长的过程，因为成长从来就是一个过程，不是一时的事情，既然相爱，就要有耐心对待对方，耐心地等待他变化，就像父母耐心等待孩子的成长一样。

如果你想影响自己的爱人的话，先不要着急，先允许他是眼前这个样子的，让他在幸福地享受生活的过程中慢慢地变化，允许他有这个中间的过程。

改变给对方的感觉是否定，影响给对方的感觉是肯定

一个老公对老婆说："你从来都不化妆，不打扮自己，也不做美容，我不知道你是怎么想的？哪有你这样的女人！"

老公说这番话的目的是什么呢？当然是希望老婆能够化化妆、做做美容，打扮一下自己，是希望老婆能有些改变，看起来更漂亮一些。

但作为老婆她可能会怎么想呢？

有很多女人可能会这样想："我以前也不化妆、也不打扮自己、也不做美容，你怎么还要追我呢？我一直都是这样的，从来就没有变过，以前你不介意，现在你开始介意了，是不是你开始嫌弃我了？"

是的，女人心里是不舒服的，还可能会听出不同的声音，有另外的猜测。这很简单，这是因为老公使用的是改变老婆的做法，而不是影响。

改变和影响在给对方的感觉上有很大不同，改变的做法给对方的感受是被否定，是否定了对方现在的做法，然后希望对方换一种做法。

这就有问题了，要知道，很多人是受不了被否定的。当你想通过否定对方使其改变时，他的注意力就停留在了你对他的否定上了，因为这是他不能接受的。

就像在这个案例中，可能老公的意思只是希望老婆能够化妆、美容、打扮自己。背后的深层需求可能是希望老婆永远年轻漂亮，可由于使用的是改变的方法，老婆感觉到的是被否定，就接受不了。这样老公的目的不但达不到，甚至会破坏夫妻的感情。

这就是改变的特点，等于告诉对方："你这样做是不对的，你要那样做！"把当前对方做的事情给否定了。

如果用到前面我的邻居家老公做鱼的案例上，就是这样的：

老婆看到老公做的鱼之后，发现可能盐放多了，就对老公说："你会不会做菜啊，卖盐的都被你打死了！"

老公听到老婆当众这样说自己做的鱼，可能马上反驳了："那下次你做给我看看！"结果不但老公做饭的积极性被打击，还让老公当着我们的面觉得不好意思。

就老公希望老婆化妆、美容、打扮自己来说，影响是告诉老婆："我特别喜欢你化妆后的感觉！"或者："有空你也去做做美容吧，这样可以让你一直这么漂亮！"又或："上次你试穿商场里的那件衣服时，我感觉特别适合你的气质，有空我陪你多买点那种风格的衣服吧！"

　　说话中没有否定，肯定了老婆当前是漂亮的，美容、化妆、打扮只是因为喜欢老婆永远这么漂亮，这些语言就不会引起老婆的反感，当然也就更容易影响到老婆。

　　那位我邻居家的女人，对待老公的做法就是这样，让我们一起夸她老公做的鱼好吃，结果她老公做的鱼就越来越好吃，这给对方的感觉是被肯定，这就是影响，和改变有着很大不同。

　　很多人希望爱人成长，但不管舒服不舒服，也就成了改变，这往往达不到目的。或者即便爱人成长了，但关系已经受到了伤害。因此会有些人分开后发现自己其实成长了不少，只是那个成长的过程很痛苦，并且跟那个当初想要改变他的人也没有什么关系了。

　　而只管舒服，不管成长与否，可能会有溺爱的感觉，就像溺爱孩子一样地溺爱爱人，也不利于爱人的成长。我们要做的，是让爱人在舒服中成长。

影响对方觉察不到，改变使对方很痛苦

　　影响和改变还有个很大的不同之处，就是影响对方是潜移默化的过程，对方几乎是觉察不到的，而改变对方时，由

于要先否定对方，所以对方能够深刻地感觉到，并因此很痛苦。

就像那位下厨房做鱼的老公，在他老婆的精心"影响"下，不知不觉地，他做鱼的水平就提高了，而这一切，他并没有特别注意到。

影响的前提是允许对方、接纳对方，并不否定对方，这样一来，这个由你们二人组成的新环境，他是适应的，你再做些刻意的使对方变化的事情时，他是没有什么感觉的。

这就和我们小时候长身体是一样的，每天我们都在长，但由于我们是慢慢成长的，不是一夜之间长高的，所以，我们并没有在每天都意识到自己在成长。

改变对方则不一样，由于改变对方是先否定对方，并立即希望对方改变，是不允许、不接纳对方的，所以，对方会痛苦，甚至会拒绝改变。

就好像我们身体不够高时，大人对我们说，你现在太矮了，你现在就要长高，然后用外力拉长我们，就会非常痛苦，甚至有生命危险。我们都知道"拔苗助长"的方式是不可取的，人们当然也不会这样来对待孩子的身高。但面对自己的爱人时，我们却常常会这样做，希望对方一夜之间长高，对方就会因此而痛苦了。

有一个故事，很能说明影响的妙处。有一位老人，在他住处的门口有一条马路，经常有一群小朋友来玩，小朋友们在玩的时候，吵闹声很大，影响到了爱清静的老人。

为了解决这个问题，有一天，老人对小朋友们说："我发现你们真的特别活泼，这样吧，你们比比谁更活泼，你们尽情地玩耍、吵闹，我看谁是最活泼、声音最大的那个，然后我就奖励他十颗糖。"

小朋友们听到老人这样说，高兴坏了，就开始尽情地玩耍，使出浑身的劲吵闹，老人每次都从中挑出一个最活泼的孩子奖励十颗糖。

过一段时间，老人把奖励的糖的数量减为八颗了，小朋友还是比赛谁更闹，但积极性没有以前高了。

再过一段时间，老人把奖励的糖的数量减为五颗了，小朋友们的积极性就更低了。

又过了一段时间，老人把奖励的糖的数量减为三颗了，小朋友们开始不满了，几乎没有了什么比赛的积极性。

最后，老人不再奖励糖了，小朋友不愿意了，说："哼，这个老头开始小气了，咱们不在他家门口玩了，不让他看咱们玩耍了。"

结果小朋友们一起走了，换了个玩耍的地方，不让老人看他们玩闹了，而老人也能够安静地睡午觉了。

这就是一个典型的影响的案例，在整个过程中，小朋友们根本就不知道老人是希望他们到别处去玩的，但在不知不觉中他们就换了地方。老人的目的达到了，可小朋友们并不知道，也没有什么感觉。

如果用改变的方法，老人可能就会走到门口对着小朋友们一顿吼，把小朋友们赶走了，结果小朋友不但很难过，也难免对老人有怨气，可能还会来这里玩耍。而老人使用的奖励糖的办法，却不会这样，这就是影响的奥妙。

因此，我们如果希望自己的爱人变得越来越好的话，不要去否定他、不要去改变他，而是允许他暂时是这样的，给他一个成长的过程，慢慢地通过一些方法去影响他，假以时日，他就会越来越像你希望的那个人，这样你就成功地影响了他。

汇总起来看，影响和改变目的是一样的，都是希望对方变化和成长，但前提不一样，改变的前提是不允许，影响的前提是允许。过程中对方的感受也不一样，改变对方感觉到自己被否定，而影响是感觉到被肯定。改变对方是能被觉察到的，并且有时会很痛苦，而影响对方他可能是觉察不到的。

方法	前提	对方感受	对方觉察
改变	不允许	被否定	对方意识得到
影响	允许	被肯定	对方意识不到

第十九章
影响的方法

允许：给对方成长的空间

在爱人之间，无论你是否想影响对方，你都在影响着他。只不过，受你的影响，他可能会变得越来越好，也可能会变得越来越糟糕。那么，你要怎么做才能把他影响到越来越好的方向呢？

具体说来，影响是有两个方法的：一是无为的方法，就是不做些什么，通过允许对方，给他成长的空间，促进他的成长；另一个是有为的做法，就是做些什么，比如，在对方做了一些你希望他做的事情时，通过述情等方式及时强化，帮助对方成长。

首先来说无为的方法，也就是允许。

允许对方有一个成长的过程，就是你看到对方有些做得不好的事情时，不要批评，不要指责，更不要代替他去做。让他在做这个事情的过程中慢慢地去成长，只要给一定的时间，对方得到足够多的锻炼机会，他就会成长。

我曾经有这样一家邻居，家里有两辆车，夫妻两人各一辆。但我们院子的停车位却很紧张，每辆车所能占据的空间是非常有限的，所以他们家的两辆车经常需要停得非常接近。

很多次，我看到这样的场景，老婆下班回来时，如果老公的车已经停在车位上了，她在停车的时候经常倒不到车位里去，需要反反复复多次才能完全停到位。老公只要看到老婆倒不进去，就让老婆下车，自己坐进驾驶室把车倒进去，嘴里还不停地说老婆笨。

这个老公好像很关心老婆，作为一个男人替老婆做些老婆不擅长的事情，看起来好像做得也很好。

但问题是，老婆为什么倒不进去？

当然是倒库的水平不够，那么为什么倒库的水平不够？

当然是练习得太少导致的，那么，老婆怎么样才能提高自己倒库的水平？

当然是多练习了。

但每一次，老公都把老婆赶下车自己把车倒进去，看起来是帮助老婆倒了车了。是不是也正是因为老公剥夺了她很多次倒库的练习机会，所以，她的水平难以提升？

设想一下，如果老公每次看到老婆倒不进去，只是站在车旁在她快要碰到别的车时给她一些提示，不去替老婆倒车，会怎么样？

会不会老婆由于经常需要自己驾车倒库，所以，倒库的水平早就有所提升了呢？

当然有这个可能，因为倒库是个熟练技术活，倒多了自然就熟能生巧。所以说，老婆倒库的水平差，跟老公每次都替她倒是有一定关系的。

从影响的角度来讲，老公如果希望老婆倒库的水平提高，最好无为。具体来讲就是看到老婆倒不进去，装作没看见，或者只是站在旁边给些提示，让老婆自己慢慢倒。时间久了，倒的次数多了，老婆的水平自然就提高了。

当然，这个过程中老婆由于要多倒几次车，需要多烧点汽油，也许偶尔某一次还会蹭到老公的车，需要去维修，但这其实是成长的代价，是学费，没有代价，就没有成长。

老公帮助老婆倒车节约了些代价，但也剥夺了老婆提高倒车技术的机会。

在生活中我们能找到很多这样的案例，其实都是可以让他自己做的，其他人却剥夺了他们的成长机会，使得他们能力低下，还反过来去指责他们能力低下。

这在父母和子女的关系中最常见，很多父母经常替孩子做孩子原本自己可以做好的事情，剥夺了孩子成长的机会，到头来还说孩子的独立能力差，可这能力差又是谁导致的呢？

从父母影响孩子的角度来讲，允许就是能够让孩子自己去解决他们能力可以解决的问题，不去帮助他们，这样他们就可以慢慢地成长。

我们还经常能在大街上看到这样的场景，父母会帮完全可以自己系鞋带的孩子系鞋带，剥夺了孩子养成自己照顾自己习惯的机会。

这类的例子很多，帮有能力自己做的孩子收拾书包、收拾房间等。

如果父母真是希望孩子独立生活的能力成长的话，就是有些时候，在孩子自己可以做的情况下，不要帮助孩子，让他们自己去做，甚至让他们在做的过程中付出一些可以承受的代价，这样他们就会成长。

我曾经在我的另一本书中提到过一次我陪儿子去吃饭的过程：

大约在我儿子四岁的时候，我陪他去吃肯德基。在吃薯条的时候，他拿起番茄酱自己撕，由于不知道怎么用力，他会用嘴去咬，也常常会把番茄酱弄到手上和衣服上。这个时候，我一般是不会帮忙的，付出的代价是要去洗手或洗衣服，但拿这个代价换来他的成长，是非常值得的。

问题是，很多人做不到不去帮助，因为这样他们会焦虑，他们的全能感，或者他们的好为人师的需求也无法得到满足。这种时候，他们在满足的是自己的需求，而不是别人的。

我还曾经在书店看到过一对情侣之间发生的类似事情。他们买了一些书，应该是书店没有提供塑料袋，他们拿一根绳子捆这一摞书。我看到先是男的在捆，结果捆到一半，女的把他推开自己来捆。等快捆好了，男的又觉得女的捆得不好，又把女的推开，自己来捆。

就这么一摞书，我看到两人就这样你推开我、我推开你，来回推了两三次才捆好。

在这个过程中，其实他们两人中任何一个站在一边不动，让另一个人捆，也许书都会被捆好。因为这并不是一个技术含量很高的事情，但两人都有很强的欲望去自己做，都按捺不住自己的冲动，都想按自己的方式做，或想证明自己更会做一些。

控制不住自己，也就是不允许对方按他自己的方式成长，这是影响的大忌。一旦你控制不住自己，不允许对方，你其实也就剥夺了对方成长的机会和权利，就达不到使对方越来越好的目的。当然，这样也会影响对方，就是让他不成长。

在这一点上，我也做过这样的事情，是有关我弟弟的。

由于我母亲去世得早，父亲又有病，弟弟是家里最小的，我是长子，我对他总感觉有一份责任感。

在他刚刚参加工作的前五年，几乎每份工作都是我替他找的。结果五年过去了，他在事业上没有什么进展，基本上是进到一个单位时做什么岗位，出来还是什么岗位。

直到有一天我们谈起这个事情时，他告诉我说："我的每份工作都是你安排的，我好像没有自己的人生，一切都是你安排好的。所以，我也就不去想自己要什么了！因为想也没用。"

那时，我才明白，我看似负责任地帮他安排工作是剥夺了他成长的机会，没有给他机会去思考和争取他自己想做的事情，我做得太多了。

从那时起，我决定不再替他安排他的事情，一切让他对自己负责。很快，他选择了自己想做的事业，几年以后，他事业有了很大的进步，也买了房子，结了婚，有了一个可爱的儿子。

在这件事情上，我幸亏醒悟得还算早，不然我可能会耽误了我弟弟太多，虽然一切都是出于好心，是因为爱他，但好心有时不一定会办好事。后来我才意识到，在这个过程中，我更多的是在满足"我要做一个负责任的哥哥"这样一个我自己的需求，而不是弟弟他内心的需求。

人是有很强的适应环境的能力的，当环境变了，人就会发展出相应的能力来适应这个新的环境。从人类进化的过程来看，正是因为大片的森林在消失，一些猿类才从树上下来，开始学会直立行走来适应陆地的生活，进而加速了进化为人类的进程。

在人的一生中，人也是不断在"进化"的。当周围的环境变化时，我们就会发展自己相应的能力，去适应周围的环境。俗话讲的"穷人的孩子早当家"，说的就是这个道理。当家庭的经济情况很糟糕时，整个家庭的生活压力都很大，孩子就会发展出能力来帮助大家分担压力。

相反，当父母把本应属于孩子自己要去选择和努力的一切都安排好时，孩子就不需要做选择和奋斗了，也就难以发展出这样的能力来。

爱人之间也是一样，当夫妻中的一方把家里很多事情都大包大揽时，对方就不需要发展出相应的能力来做这些事情了，甚至会出现心理上的退行。

这就好比是说，爱人中的一方像对方的父母一样把对方"照顾"得过于好时，对方就没有必要做大人了，他就可能会退行为孩子，享受"父母"给自己带来的一切。

当然，如果在亲密关系里一个甘愿一直做"父母"，另一个一直做"孩子"，两个人一个愿打一个愿挨，如果他们也不觉得有什么不好，这也没什么不可。但问题是，做父母的一方常常在自己把事情都做完后还会因为对方不做事而不满，这样就会出问题了。

在亲密关系中，我们要懂得运用"无为"的方式，做个有利于对方成长的人，给对方留出成长的空间，让他自然而然地发展出适应你们的关系的能力来。

我知道看到对方做不好而故意不去提示，或不去帮忙，对有些人而言，是件困难的事。因为他们会着急，会焦虑，会有一种冲动想去帮对方做了。但请注意，这剥夺了对方成长的机会，这种抑制不住地想要去帮对方做原本属于他的事情的冲动，是我们自己需要去探索和解决的问题。

下一次，当你又想去帮助或代替对方做一些事情时，可以在内心问问自己："我在满足的是谁的需求？对方的还是自己的？"之后，在具体的做法上，也许就会有所不同。

或者，当你想要指责、批评对方一些事情做得不好时，也去思考和觉察一下，他做不好，我为什么会不舒服？为什么不能允许？然后去看看在你的不允许背后，是你的什么痛苦？

总之，在影响的过程中，重要的不一定是你去做些什么，有时也可能是不做些什么，进而给对方留出成长的机会。这需要每个人成长自己不越界，不剥夺对方成长机会的能力，因为只有你的这种能力成长了，你才能把对方影响到越来越好的方向上去。

强化：及时奖励对方做得好的地方

我们都知道马戏团的老虎可以钻火圈、狗熊会骑自行车，而马会跳舞，我们还知道海洋馆里的海狮会顶球、海豚可以让人站在它背上在水里游走。

我们也知道这些动物天生是不会这些技能的，那么它们是如何成为马戏高手的？

是的，你知道，它们是被驯兽师训练出来的。

那么，驯兽师是如何做到的呢？

美国女作家艾米·舒瑟兰观察驯兽师的日常工作时，发现了其中的奥妙，并把这些方法运用到了和自己丈夫的相处上，也就是她找到了影响她丈夫的方法：

我从驯兽师身上学到的主要课程，是要奖赏我认为好的行为，而不要理会我不喜欢的行为。

毕竟，老是责备是不能让一只海狮学会用鼻尖顶球的，这个方法也同样适用于丈夫们。

此后，每次斯科特把一件穿过的衬衣投进脏衣篮里，我就感谢他。如果他投进两件，我就吻他一下。同时，我见到地上满是泥土的衣服，不出恶言，跨过去就算，尽管有时候会一脚把它踢到床底下。但随着他对我的欣赏感到得意，堆积的脏衣服也就减少了。

驯兽师在训练动物时，采取的整体策略是奖励好的行为，而不理会动物们做得不好的行为，具体来说，就是当动物们做了一个驯兽师希望的动作时，驯兽师就会及时地奖励它们，而在它们做得不好时不去惩罚它们。

艾米·舒瑟兰把从驯兽师那里学来的方法，用在了"训练"丈夫上，很快她就看到了效果，她丈夫更多地把穿过的衣服投到脏衣服篮里了。

其实，驯兽师训练动物的过程使用的就是影响的方法，当动物们做得不好时不惩罚，是本书讲的前一种影响的方法：允许，给动物们一个成长的机会；而当动物们做得好时奖励就是我要讲的影响的第二种方法：强化。

和驯兽师的方法一样，影响的第二个方法，就是在对方偶尔做了你希望的行为时，及时强化，让这个行为固化。

什么是强化呢？

这是个行为心理学的概念，说的是在操作条件反射的过程中，对于正确反应后所给予的奖励，也叫正强化。此时，不知道你是否会想起巴甫洛夫和那些被他在下巴上打了个洞的可怜的狗，我们都知道，巴甫洛夫敲铃之后再给狗喂食的行为，就是为了强化狗对铃声的反应。

既然说到狗，我们就还拿狗来举例吧。如果你希望你的狗学会蹲下，那么你就在它听你的命令蹲下时给它食物，而在它没有蹲下时不给，慢慢地你的狗就可以学会听你的话蹲下。运用同样的方法你可以训练你的狗站立，甚至如果你有足够的时间和耐心，你可以用这个方法训练你的狗跳舞。

这其实也是人的学习机制，比如第一次赌博赢了钱的人，他的赌博行为就得到了强化，因此他继续赌博的可能性就被加大；而做好事的人，第一次做了好事受到了表扬，他继续做好事的可能性就被加大。

我喜欢在休息时间钓鱼，在钓鱼这个事情上，也能清晰地看到这一点。刚开始学钓鱼就钓到鱼的人，由于得到了鱼这个奖励，以后钓鱼的兴趣就会更大。而很多次都没有钓到鱼的人，可能从此对钓鱼兴趣全无。

企业也正是运用这个机制来管理员工，很多企业的管理中，就非常清晰地体现出这个原理来。那就是员工们做了管理者们希望的行为后，管理者们会通过嘉奖的方式来强化员工的这种行为，进而员工就会做出更多管理者们希望的行为来。

因为人的这个心理特点，所以，在爱人之间，同样需要爱人们及时地去强化对方所做的自己希望的行为。

比如：

如果你的爱人平时很少主动打扫房间，偶尔有一天，你回家看到他正在打扫房间，你就可以及时地强化一下，这样他以后继续打扫房间的可能性就增大了。

糟糕的是我们在生活中，有时不但不会强化对方偶尔所做的努力，还会说点嘲讽的话来挖苦对方，使得对方以后出现类似行为的概率降低。

比如：

有的人在看到几乎从来不打扫房间的爱人打扫了房间，会说："呵！今天太阳从西边出来了！"这句话的意思好像是说对方打扫卫生本是一件不正常的事情，那既然这样不正常，很快他会回归正常，不再打扫。

我们知道，当人们不经常做某件事情时，偶尔做一下可能会做不好，比如很少打扫房间的人，开始做时打扫得可能并不是很干净，或者拖地之后地上的水很多。

有的爱人就又说："有你这么打扫卫生的吗？"又或："你

会打扫卫生吗？"

这样一来，对方的行为得到了否定，以后出现的概率也被降低，你就不能把对方影响到你希望的方向了。

这就好比，你希望你的狗学会跳舞，可是又在它刚跳了两下时，嫌它跳得不好看就揍它一顿，结果会怎样呢？估计它以后连跳都不敢跳了吧！

其实这样的现象在生活中很常见，不少人在对方偶尔做些家务时，不但不及时强化，还嫌弃对方做得不好，结果家里家务活就全归自己了，到头来还觉得对方不做家务。

这是非常不可取的方式，我们需要学会在对方做了自己希望的行为后，及时强化对方，让对方的这些行为出现的概率更高，这样你就影响了对方。

在我和我爱人之间，当我使用这样的方法时，我也看到了很好的效果。

刚结婚的时候，她并不会做饭，因为在她的原生家庭里，是不需要她做饭的，她母亲把全部的家务都包在自己身上了，但我们一起组成的新家是需要她经常做饭的，问题是她真的不会做。

我记得很清楚，她最早尝试做的一道菜我是叫不出名字的，是把鸡肉切成块，放在油里炸一下。然后把用水泡好的银耳用开水煮一下，把两种原料混合到一起，放上盐，就是一道菜，里边没有任何的配料，比如葱、姜、蒜一类的都不放。

这道菜不太好吃，但的确很有创意，精神可嘉，为了鼓励她做饭的积极性，我会对她说"这真的太有创意了"！

由于受到鼓励，她做饭的信心有所提升，一有时间就研究怎么做饭。慢慢地，她做得多了，做饭的水平就得到了提高，也知道在菜里边放些配料了，比如葱、姜、蒜，又或者青椒、番茄。她也经常会在饭店吃到好吃的菜后回来自己尝试，饭菜也越来越好吃了。到现在为止，我经常能够吃到一些她做得很好的饭菜，还很有她自己的特色。

那么，如果你想去影响你的爱人，在他（她）做了你希望的行为之后，拿什么去强化呢？

其实，这没有什么局限性，只要能对对方产生积极影响的都可以使用，可以是语言，也可以是实物，也可以是一个亲热的行为，可以为对方做些服务等都可以，能对对方产生影响的基本都是对方希望得到的，遵照这个原则，你总能找到影响他的办法来。

述情：当对方做了你希望他做的事情时

如果使用语言来强化的话，可以使用述情的句型，当对方做了你希望他做的行为，你可以及时表达自己的心情，让他知道你看到了他的付出，进而感觉到他行为的价值。

拿上面说的对方几乎不怎么做家务，偶尔某一次做家务的事情来说，你看到后，可以对对方说："看到你把家里打扫得这么干净，我感觉非常幸福！"当然，这个时候，除了说这句话，还可以送上一个甜蜜的拥抱或热吻。

这样就可以强化对方，这等于告诉对方，他所做的事情你很感动，很享受，他对你的付出，你收到了，他会感觉到自己所做的没有白做，很有价值，以后继续做的可能性就会增加。

关于做家务，我有过体验。偶尔某一次，我可能会趁一个人在家时，把家里收拾得很干净，然后心里就会希望我太太回来后能够观察到我的付出，很希望她看到我所做的一切。

当她到家后，在她还没有满足我的这个期待时，我能很清楚地感受到自己内心这个小渴望的存在，像是内心有一只小鸟张着嘴等着鸟妈妈把虫子给它。而如果她及时地发现了我所做的，并且对我有所肯定，我会有满足感，否则就会有一些小失望。

所以，在观察到爱人做了一些你所希望的事情时，你一定要及时地表达出你看到了他的付出，如果你感到幸福，也最好表达出来，因为他可能是在内心有所期待的。

否则，如果他经常做你都没有任何表示的话，他心里的声音可能会说"我做了那么多，你都没有发现，好像我做什么都是应该的似的，干脆以后不再做了，反正你也看不见"！

这样一来，他以后做的概率可能就会降低，所以，一定要在对方做了你希望的事情时，有所表示，及时地强化对方，他的表现会越来越如你所愿。

不管是对方在做家务上，还是对待你的家人上，还是对你的关心上，还是经常给你买礼物上，只要对方做了你希望的，你最好都有所表示，及时强化，最简单的方法，就是在语言上可以有所表示。

而且，当你真的这么做时，这也已经超越了行为主义定义的强化的概念，是付出与感恩之间在互动，是爱在你们之间流动。

感谢：当对方妥协和付出时！

爱人之间有差异，有时在需要彼此合作或配合的事情上，你想做的对方可能并不想做，或对方想做的你可能不想做，这需要两人彼此学会妥协。也许偶尔他也会妥协一些，对你做出让步，这个时候，也需要你及时地强化，即便只是一句谢谢，都能起到很好的作用。

在前面讲的那些打电话给我，告诉我她们的老公晚上不睡觉，打游戏、看电视的女学员，我通常会在电话里问她们：
"你老公从来没有做出过让步吗？"

她们的答案通常是"不是，偶尔会早睡"！

"那时你说了什么？"

她们的回答通常是没有说什么，也许在她们看来，早睡觉才是对的，晚睡觉本来就是不对的，但从她们老公的角度，可能并不这么认为。

老公们的感受可能是："我向你做出让步，早睡觉了，你也没有任何表示，一点也不感激，好像我早睡觉是对的，晚睡就是错的，为什么在这个家里，对和错的标准由你掌握？凭什么我就要听你的？"

但如果这些女学员能够说一句"谢谢"，老公的心情可能会大有不同。

这时，老公可能会忽略对和错，感受到这是老婆需要的："我早睡了她就会很感激、很幸福，我的努力她是看得到的，而且是感激的。我以后要更多地早睡，因为我爱她。"老公就可能不会在对和错的频道里思考，而是考虑到爱和情。

在爱人的关系里，当一个人做出让步后，他会认为自己付出了，心里也自然会对另一半有所期待。当这个期待得到了满足，他的心里才会平衡，否则他内心是不平衡的。他内心的声音可能依然是"我为了你做了那么多，你都看不到，看来我以后也没有必要再做了"！

但是，当他这样做时，如果被爱人看到了，他心里就会更平衡，可能内心的声音就变成："我付出了这么多，她都记在了心里，再苦再累都值了！"

如果有人觉得对方为自己付出都是应该的，就不会去感恩和肯定，对方的付出就好像没有被看到一样，久了对方就不愿意付出了。结果是，觉得对方应该付出的人，最后总会失望。但其实，这却是自己制造出来的。不懂得感恩和肯定的人，难以得到持久的爱。

所以，在以后的生活中，如果你的爱人对你有所让步，不管是在生活方式上，还是他放弃了自己的爱好陪你去你希望的地方，还是他牺牲了陪他家人的时间来陪你的家人，还是他牺牲了自己的事业来支持你的事业，一定要记得对他说声"谢谢"！这样他心里会平衡起来，也在以后更愿意向你做出让步，因为他知道你都记得他为你所做的。

在影响对方的过程中，你可以使用语言来强化，也可以使用实物满足，比如给他买一个他喜欢的物品。对女人而言，也许是个手包，也许是瓶香水；对男人而言，也许是个游戏操作杆，也许是个球杆，也许是个墨镜等，都可以。

当然，也可以是别的，比如给他捶捶背，给他做一顿好吃的，从后边抱抱他，或者是他喜欢的亲热行为，都可以。

关键是，他喜欢怎样的，你就使用什么样的方式。

这些都可以影响到对方，让他知道你看到了他的努力和付出，并对此心怀感激，他也就会更愿意去成长和努力，成长为更好的他，你们的感情也会越来越好。

关于影响的方法，除了前面提到的允许和已经超越了行为主义定义的强化概念的"强化"外，共情、理解对方、关心对方，把对方放在重要的位置等都是可以影响到对方的。但这些影响，也已经不是行为层面的了，而是帮助对方人格变得更加完整和强大，属于滋养对方的概念了，这对你的要求也非常高，需要你本身很强大，才能做得到。

在你和你的爱人之间，互为环境，彼此如果都懂得如何影响对方，时间久了，都会发生一些改变，越来越像对方所希望的人。也许到那时，你会发现，理想的爱人是可以找到的，只不过，是要在爱人的心里把那个更好的他找出来。理想的爱情也是存在的，只不过，是在彼此成长之后才会出现的。

做好情绪管理，可以使你成为一个更加稳定的人，更加平和的人，更好相处的人，更"可爱"的人，这样更加能够吸引对方喜欢你，更愿意跟你在一起。

通过述情，可以让对方及时知道你是什么样的感受和想法，使对方很容易懂你，使爱你变成一件非常容易的事情，使你成为一个"易爱"的人。

做好共情，可以经常在对方需要的时候理解和支持到对方，使对方常常感受到来自你的爱，使你成为一个"会爱"的人。

有了允许的能力，使你能接纳彼此之间的差异，以及给对方一个成长的机会，使你成为一个有"大爱"的人。

掌握了影响的能力，会使对方跟你在一起的过程中，越来越向一个更加完美的方向成长，成长为一个人格更加完善的人，也成长为一个更加理想的爱人，使你成为一个懂得"智慧地爱"的人。

爱的五种能力，包含了你在爱情当中所要具备的几乎全部的能力，好好修炼自己的这五种能力，你一定会越来越幸福。

后 记 1

当你阅读到这里，我想你已经读完了前面所有的内容，已经知道了经营好一份亲密关系需要具备的能力了。但是，当你合上书之后，你也许能够做到其中一些，而还有一些，你也许暂时还做不到。

想要做到这些，你需要在生活中去练习和实践，比如述情、共情，你可能需要刻意地改变原来的说话习惯，经过一段时期的"说话之前要在脑子里打打草稿"的阶段，才能慢慢切换到不讲对错、只讲感受的沟通模式里来。

这不是一两次的尝试就可以养成的，这需要时间和反复的练习。

这个过程，也是你逐渐放下盾牌和长矛，打开自己内心最柔软和脆弱的地方，以及和对方心中的柔软和脆弱连接的过程。

放下防御和武器，也意味着你要开始面对你内心深处的恐惧，这不仅需要时间，还需要更多的勇气。

这就像是学游泳，游泳教练告诉你下水之后要如何换气、如何用力，这样之后你只是知道了如何游泳，可能还不会游。要想学会游泳，你还需要跳到水里去练习，经过多次的反复练习，也许还常会呛几口水，才能慢慢找到游泳的感觉和乐趣。

这个过程既是找到和水互动的节奏和方式的过程，也是直面内心对水的恐惧的过程。

至于情绪管理和允许，其本质也是面对内心痛苦和恐惧的过程，这也需要时间和坚持。

更进一步讲，把书中的内容都能做到，拥有更多爱的能力，也是一件可以毕生去追求和努力的事情。只要你愿意，可以一直在路上，这条路也许永无尽头。

但需要注意的是，如果你是喜欢把亲密关系中出现的问题归因成是对方责任的人，读完本书你不一定会完全领悟到精髓，反而可能会多出一些挑剔对方的新的对错标准，比如对方会不会述情、懂不懂共情、能不能允许等。

爱的五种能力全部是从提升自己的角度出发的，一旦成了挑剔对方的新标准，反而会离你想要的方向越来越远，我想这不是你想看到的结果。

当然，如果你是这样的人，看其他类似的书，或上一些其他类似的课，也都有可能会成为新的挑剔对方的标准的。

经营亲密关系，是站在一个内省的角度看待问题的过程，如果遇到了问题，要多去想双方互动过程中自己的什么脆弱被触碰到了，或者自己什么模式在关系里再现了，又或者自己有什么可以做得更好的地方。

如果是把书里的内容变成要求对方的新标准，本质上还是寄希望于通过改变对方来实现自己的幸福，这不是本书的初衷，无数人的经验也证明了这条路很难行得通，不然也不会有那么多人在关系里痛苦着。

　　无论是我从事婚恋心理辅导工作这些年所观察到的案例还是我个人的生活体验，都证明了一点：关于亲密关系的改善，唯有成长自己、影响对方这条路是行得通的。

　　不过，本书关注的更多的是自我成长，关于"影响"这个能力展开得并不算多，但实际上亲密关系经营的最高境界是"影响"。"影响"是通过你做些什么或不做些什么，来帮助对方成长，让你自己的生活也可以变得更加轻松、幸福。

　　只不过想要做到这一点，需要你一定程度地具备前面的四种能力，因为没有这些基础能力，是实现不了对对方的深度影响的。

　　本书中关于"影响"的部分，是从允许和广义的强化的角度做了些阐述，实际上可以影响一个人的角度有太多太多，比如怎么帮助对方提升安全感、怎么帮助对方变得更接纳你、怎么帮助对方变得更有价值感、怎么帮助对方变得更加独立自主，等等。这是一个庞大的体系。

　　鉴于本书结构上的特点，我没有过多展开这些，也打算专门再写一本书来详细地阐述这个体系，这几年我也一直在为此做着准备……

　　非常感谢你阅读本书！

　　再见！

　　祝幸福！

赵永久

二〇一九年八月于北京

后 记 2

　　在前一篇后记中，我说正在准备写一本系统阐述"影响"能力的书，现在这本书已经出版了，名字叫《爱的五种能力Ⅱ——爱情与婚姻中的情感经营课》。

　　所以现在，《爱的五种能力》就有了两本，为了方便区分，我喜欢把你手里的这本叫作爱1，新出的那本叫爱2。如果说爱1讲的是如何提升自身爱的能力，关注的是个人的成长，那么爱2讲的就是如何经营关系，关注的是二人之间的良性互动。

　　提到亲密关系的经营，这并不是一个陌生的话题，当前很多人都已经有了这方面的意识，可具体到方法层面上，到底要如何经营呢？

　　给对方买礼物？给对方做喜欢吃的食物？记住对方的生日？过一过二人世界？这些就是关系的经营吗？

　　这些可能都是，也可能都不是，因为关系的经营，一定是以满足彼此内心的需要为前提的，但又不能没有止境地满足任何需要。因此，忽视彼此内心真正的需要去做的事情，又或者一味地满足对方的任何需要，都可能是对关系有伤害的。

　　亲密关系的经营也一定是要有一个完整的理论体系的，可以宏观地关注到二人内心的大多数需要，让彼此在关系里既感到被一定程度地满足，又会逐渐成长，还能保护好自身的心理边界。所有的做法背后都应该有为什么要这样做的道理，所有的道理又都要有具体可以实操的方法。

在完成爱1的理论建构之后，我用了十余年的时间研究和思考这些问题，终于，现在可以把我的观察、思考和总结分享给大家了。

希望这本新书依然可以帮助到大家！

赵永久

二〇二三年三月三十日于北京

爱，可以创造奇迹。被摧毁的爱，一旦重新修建好，就比原来更宏伟、更美、更顽强。

——莎士比亚